走向化学深处

初中化学教学设计分类研究

◎主编 张仁波

哈尔滨出版社
H.P.H
HARBIN PUBLISHING HOUSE

图书在版编目（CIP）数据

走向化学深处：初中化学教学设计分类研究 / 张仁
波主编. —哈尔滨：哈尔滨出版社，2022.7
　　ISBN 978-7-5484-6619-2

　　Ⅰ.①走… Ⅱ.①张… Ⅲ.①中学化学课 – 教学设计
– 初中 Ⅳ.①G633.82

　　中国版本图书馆CIP数据核字(2022)第132975号

书　　名：**走向化学深处：初中化学教学设计分类研究**
ZOUXIANG HUAXUE SHENCHU: CHUZHONG HUAXUE JIAOXUE SHEJI FENLEI YANJIU

作　　者：张仁波　主编
责任编辑：杨浥新
封面设计：徐礼梅

出版发行：哈尔滨出版社（Harbin Publishing House）
社　　址：哈尔滨市香坊区泰山路82-9号　　邮编：150090
经　　销：全国新华书店
印　　刷：廊坊市海涛印刷有限公司
网　　址：www.hrbcbs.com　　www.mifengniao.com
E－mail：hrbcbs@yeah.net
编辑版权热线：（0451）87900271　87900272

开　　本：787mm×1092mm　　1/16　　印张：11.75　　字数：194千字
版　　次：2023年1月第1版
印　　次：2023年1月第1次印刷
书　　号：ISBN 978-7-5484-6619-2
定　　价：68.00元

凡购本社图书发现印装错误，请与本社印制部联系调换。
服务热线：（0451）87900279

序 言

2022 年 4 月教育部发布最新的《义务教育化学课程标准》，又一次开始进行初中化学课程改革，随着初中化学课程改革的深入推进，初中化学教师的教学理念、教学实践能力获得显著提升，随着社会发展，社会对人才需求的变化，教育研究者从人才培养角度观察目前初中化学课堂教学，发现仍存在一些问题。首先，初中化学教师从课程、学科、学生发展的角度思考教学结构性不够，对"教什么""怎么教""为什么教"等化学教育问题缺乏结构性思考；其次，初中化学教师在教学过程中不能使情景关联、问题设计、知识框架、核心素养等要素产生逻辑关联；最后，缺少经验与理论并进的联结，教师不能自主将课堂实践凝练成教学方法和教学成果，化学课堂要么停留于理念层面，要么教学行为仍凭经验而为。

为解决上述问题，帮助初中化学教师明确初中化学教学的本源性问题，落实2022 年发布的"初中化学学科核心素养"，重庆市 2021 "国培计划——初中化学青年教师助力发展"项目组教师编撰了《走向化学深处——初中化学教学设计分类研究》，该书从初中化学本源教学内容出发，重新编排现有教学内容，本书摆脱了各版本教材束缚，找到了教学内容中内在逻辑关系，厘清初中化学教学中"物质研究""理论概念""方法工具""价值应用"等教学内容之间的内在联系，老师们梳理不同教学内容的经典实践教学设计，将课例通过一线教师课堂实践，经过教学研究人员理论研讨与修正，为化学教师教学提供便捷。

《走向化学深处——初中化学教学设计分类研究》能提高教师的专业素养，帮助教师站在更高维度审视初中化学学科，提高教学质量。该书能为教师开展区域性教研、校本教研或相关教师培训提供教学案例资源。

尽管目前项目组取得了阶段性成果，但这些成果只是初步的，在理论层面不够完善，需要不断丰富与发展。希望随着项目的推进，探索的深入，该书能够进一步充实、修订和完善。也希望广大教育工作者，特别是广大教研员和一线教师提出宝贵的意见和建议。

目录

第三章

从经验摸索到科学研究——方法工具

第一章

回归化学学科本质
——物质研究

初中阶段,化学的定义是学习物质组成、结构、性质及变化规律。因此"物质研究"是初中化学的核心内容。从学科角度看,物质是化学研究的对象,也是化学专业术语及基本概念、理论、实验的载体。从学生认知发展的角度来看,物质是学生化学学习过程中的重要对象,也是学生掌握概念原理的支撑。初中化学中的物质研究一般是从典型常见物质出发,如空气、氧气、水、二氧化碳、金属、酸碱盐,这些物质都和生活经验联系紧密,有利于学生联系实际进行学习。此外,初中化学所涉及的物质组成相对简单,符合学科启蒙阶段学生的认知规律,教师在初中化学教学中应厘清所研究物质的内在关系,搭建学生对化学物质研究的螺旋式进阶,同时帮助学生建立初中化学研究不同类别物质的一般思维模型。

在教学实践过程中,学生学习不同的物质需要教师采用不同的教学方式。学生对物质学习的效果不尽如人意。表现在,一是部分学生对物质的性质没能完全掌握,顾此失彼;二是部分学生认为化学物质太多,都需要记忆才能进行学习,化学学习难度很大;三是不能构建物质认知的层次和框架,从学生的角度来反思教学,我们依据身边的化学物质教学内容规律和学生认知规律,找到各种物质教学内容的内在联系并明确其所属认知层次,帮助学生形成对物质认知方式、角度和深度的基本思路。

在实际教学中,教师会从组成、性质、制备、用途等角度认知物质,要帮助学生建立认知物质的角度,教师首先要关注认识物质的各种性质之间的关联,物质的组成结构决定性质;物质的用途及合理使用体现物质的性质;物质的组成和性质影响物质的制备和转化关系。教师要能在教学中通过问题充分引发学生思考,设计学生活动、学生任务。让学生依据物质的组成、构成预测性质;依据实验来证实或证伪性质;依据性质开发物质用途。教师要引导学生在问题解决和任务完成的过程中体会物质的各个角度之间的关联。

例如,我们学习氧气时可以从每一个角度进行分析,最后发现性质和用途有关;学习二氧化碳时,我们可以从用途、现象入手,推断性质;学习金属时,可以尝试从用途和结构两个角度认识性质;学习酸碱盐时,从组成、结构认识物质性质。多角度建构知识。

初探物质世界
——空气的组成

一、教学基本信息

课　　题：空气的组成

关　键　词：空气组成、化学学科核心素养、探究式教学

教　　材：人教版 2012 年版义务教育教科书《化学（九年级上册）》

二、教学内容分析

"空气的组成"是人教版（2012 年版）《化学》九年级上册第二单元课题 1 第一课时的内容。这是学生在义务教育阶段首次以化学的视角接触并科学地认识具体物质的知识。对学生而言，空气是一种非常熟悉的物质。教材选择以我们周围的空气为主题，组织本课时的教学活动，从学生熟悉的事物入手，本着科学教育的原则，可以比较顺利地引导学生进入化学世界探索物质的奥秘。

"空气的组成"承担的教学功能主要有：

1. 深入体会从物质组成的视角认识和研究空气，并初步建构物质的分类观；

2. 培养学生基于实验事实进行证据推理和构建物质研究模型的科学思维；

3. 引导学生学习和应用比较、分类、分析、综合、归纳等科学方法来解决化学问题；

4. 发展学生对物质研究的探究欲，培养学生尊重事实、注重实证、严谨求学的科学态度；

5. 知道科学家们对空气成分的研究史，并认识到只有基于客观事实，科学实验，才能摆脱传统理论的束缚，得出正确结论。

三、教材素材分析

通过分析课标与教材，本节课题内容主要是引导学生跟随历史的脚步，从定性开始，到定量深入，对我们周围最熟悉的物质——空气，由浅入深地展开研究，顺利开启学生探索物质奥秘的大门。

本节课的情境导入选择极具爱国主义教育意义的电影《攀登者》。1960年，中国登山队员历经千难万险，首次登顶珠穆朗玛峰，让五星红旗飘扬在海拔最高点。他们面对极其恶劣的自然气候时，展现出钢铁般的意志，北坳（6800米。温度 −17℃ 含氧量9.75%）、大风口（7500米。温度 −25℃ 含氧量9.35%）、突击营地（8300米。温度 −30℃ 含氧量5.67%）、第二台阶（8680米。温度 −33℃ 含氧量5.35%）。1975年7月23日，中国政府向全世界宣布珠峰最新海拔高度为8848.13米。

本节课中"空气及其中氧气含量研究"的相关化学史实贯穿始终：

1. 空气存在的证明：公元前5世纪，恩培多克勒将密闭的空心圆柱体浸入水中，圆柱体内的气体压强阻止水面上升；

2. 空气成分的早期认识：17世纪中叶前（认知模糊，空气被认为是单一的物质），18世纪丹尼尔·卢瑟福发现氮气（N_2）、舍勒和普利斯特里先后发现并制取氧气（O_2）、1775年拉瓦锡第一次提出空气是由氧气和氮气组成的，推翻了空气是单一物质的说法；

3. 空气中氧气含量的测定：1789年，拉瓦锡在《化学基本概念》中阐述了钟罩实验，通过加热曲颈甑中的汞，测定得到氧气的体积约占空气总体积的1/5；

4. 稀有气体发现史：1893年后，雷利、拉姆赛等科学家陆续发现空气中还含有氦气、氖气、氩气、氪气、氙气、氡气等稀有气体。

四、整体设计思路（如表1-1-1）

表1-1-1　"空气的组成"整体设计思路

教学环节	问题线	活动线	素养线
环节一 初识空气	如何证明空气的存在	小组合作，根据旧知和生活经验，利用器材设计实验并举例说明空气的存在	通过小组合作探究活动的设计培养学生的发散性思维、团队合作精神、设计简易实验解决问题的能力以及科学探究的意识
环节二 再探空气	如何探究空气的组成	小组合作，提出猜想，结合化学史实及生活实例，收集证据，对比分析，定性归纳出空气的组成	通过对生活现象及化学史实的分析，定性探究空气的组成，从而培养学生基于事实进行证据推理、归纳总结的科学思维和尊重事实、注重实证、严谨求学的科学态度

续表

教学环节	问题线	活动线	素养线
环节三 深析空气	如何测定空气中氧气的含量	①小组合作,结合提供的信息,思考并设计出测定思路 ②自主阅读教材,结合讲解,分析拉瓦锡实验的原理、现象及结论 ③对比分析实验室的测定思路及原理	通过小组合作设计测定思路的活动,培养学生综合应用有效信息解决问题的意识和能力;通过对比分析拉瓦锡与实验室测定的异同点,从而培养学生的创新意识、保护环境的绿色化学观念与社会责任感

五、教学过程

环节一:初识空气

【教师】播放电影《攀登者》的剪辑影像。

【学生】观看视频。

【教师】讲解:中国登山队员们凭借钢铁般的意志和不辱使命的决心征服了极度缺氧的世界之巅——珠穆朗玛峰。珠峰空气稀薄,越往高处,空气中的含氧量越低。

【教师】展示图片:攀登珠峰时在北坳、大风口、突击营地、第二台阶的海拔、温度、含氧量等信息。

【学生】分析图片,结合图片信息,明确在不同高度,空气中氧气的含量存在差异。

【教师】提出问题:我们周围的空气中氧气的含量是多少呢?你能测定吗?空气中除了氧气,还有其他气体吗?你能给出事实依据吗?空气看不见、摸不着,你能证明空气的确存在吗?

【学生】思考问题链,基于已有知识储备和生活经验,自主对问题进行分类分析。

【教师】过渡:今天这堂课,就让我们一起从化学的视角出发,重新来认识我们最熟悉却也最不易察觉的物质——空气。

【教师】实验探究 1 证明空气的存在

根据以往的知识积累和生活经验,你能列举出哪些实例来证明空气的存在?除此之外,你能否利用桌面上的空瓶与盛满水的水槽设计一个简单的实验来加以证明?

【学生】小组合作,设计实验方案。

【教师】巡视指导,抓拍小组实验过程并集体分享。

【学生】成果分享，交流生活实例（如红旗飘扬、柳絮飘飘、风扇、气球等）学生进行实验，描述实验现象，并经过分析得出结论。

【学生】观察实验现象：1.塑料瓶中的水无法上升到顶端；2.用手挤压塑料瓶，瓶口有气泡冒出，松手后，塑料瓶中出现水柱。

【学生】得出实验结论：空气是客观存在的。

【设计意图】

1.以热血澎湃的电影情节导入新课，既能创设情境、渲染氛围，又能激发学生的民族自豪感，培养学生的爱国主义精神。

2.通过具体数据，巩固学生的生活经验，明确高海拔，低氧量的规律；并基于学生的知识储备，因势利导，提出3个问题链，环环相扣，迅速拉近了学生和化学的距离。

3.通过小组合作探究，组间共享交流，培养学生团队合作精神及理论联系实际和证据推理能力。

4.通过设计简易实验证明空气存在的活动，培养学生在问题情境中综合应用学科知识，解决问题的能力和科学探究意识。

环节二：再探空气

【教师】讲解：人类可以几日不食，也可一日不进水，但一刻也离不开空气。空气中的氧气对人类生存的重要性不言而喻。

【教师】实验探究2 空气中除了氧气还含有其他物质吗？空气的组成究竟是怎样的？请结合生活经验提出猜想，并收集证据加以说明。

【学生】提出假设：空气中除了氧气还含有其他气体。

【学生】小组合作，收集证据：

1.动物的呼吸作用需要氧气，并释放出二氧化碳；

2.植物进行光合作用需要吸收水和二氧化碳，并释放出氧气；

3.夏日，从冰箱里拿出的矿泉水，放置一段时间，水瓶外壁会附着水珠；

4.酥脆的薯片或饼干在空气中久置会受潮变软；

5.透过太阳光可以看到飘浮在空气中的悬浮物。

【教师】展示在空气中敞口放置一周的澄清石灰水。

【学生】得出结论：空气中除了氧气还含有二氧化碳、水蒸气和其他杂质（如灰尘等）。

【教师】追问：除了刚才大家提到的物质，空气中还含有其他物质吗？

【教师】展示"人类对空气成分的研究史"。

【教师】提问：

1. 通过拉瓦锡对空气成分的研究实验，你有何感想？

2. 拉瓦锡实验得出的结论是什么？

3. 拉瓦锡实验的结论有无不足？

【学生】自主学习，思考回答。

1. 拉瓦锡所表现出的科学态度，值得我们学习。

2. 空气主要由氧气和氮气组成，其中氧气约占空气体积的 1/5。

【教师】分享稀有气体的发现史。

【学生】了解空气中各种稀有气体，指出拉瓦锡结论的不足。

【设计意图】

1. 培养学生理论联系实际的能力、归纳总结的能力、证据推理的能力，将化学知识与生活联系起来的能力。

2. 培养学生透过现象看本质的思维品质。

3. 通过自学"空气成分认识"的化学史实，培养学生自主学习的能力以及尊重事实、严谨求实的科学态度和敢于质疑、勇于探索的科学精神。

4. 让学生认识到科学探究是一个不断发展与完善的过程，帮助学生树立终身学习的理念。

环节三：深析空气

【教师】讲解：拉瓦锡对空气成分的研究所做出的贡献是巨大的，他不仅得出了空气是由氧气和氮气组成的结论，更可贵的是他通过实验测定出了空气中氧气的含量。

【教师】实验探究 3 假如你是当时的拉瓦锡，你将如何测定空气中氮气和氧气的含量？

【学生】设计测定空气中氧气含量的实验方案。

【学生】成果展示：

方案 1：将一定体积的空气加压降温，将其中的氧气转变为液氧（体积可忽略），余下部分的体积则为氮气的体积，最后可求出原空气中氧气的体积。

方案2：取一定体积的空气，只将其中的氧气反应消耗完，变化后的新物质不占体积（固体或液体），再测余下部分体积即为氮气的体积。

【教师】讲解：通过物理变化或化学变化将密闭空间内一定体积的空气中的氧气与氮气分离，再测余下气体的体积。接下来我们跟随拉瓦锡的脚步，来到他的实验室。

【教师】实验解读：介绍实验装置和实验药品。

【教师】提问：

1. 曲颈瓶和汞槽中的汞分别起什么作用？

2. 为什么玻璃钟罩内汞的液面会上升？

3. 什么现象能说明空气中氧气的含量？

【学生】阅读教材，结合相关信息，思考设置的3个问题。

【教师】揭示原理：在密闭环境中，加热足量的汞，汞将消耗完装置内一定体积的空气中的氧气，生成几乎不占体积的固体氧化汞，此时空气体积减少的部分即为氧气的体积，最终装置内部空气与外界空气形成压强差，导致钟罩内的液面上升，上升部分占据的体积即为装置内空气中氧气的体积。

【教师】提问：从反应物的安全性、反应耗费的时间、环境保护等方面思考拉瓦锡的实验完美吗？有何不足？如何改进？

【学生】小组合作，讨论交流。

回答：药品汞有毒，反应耗时太长，测定方法应绿色环保。

【教师】演示实验：利用红磷的燃烧测定空气中氧气的含量（讲解药品、实验装置及操作步骤）。

【学生】观看演示实验，观察并记录现象。

【学生】总结实验现象：

1. 红磷燃烧，发出黄光，产生大量白烟；

2. 装置冷却到室温后，烧杯中的水倒吸入集气瓶且约占集气瓶上方空气体积的1/5；

实验结论：氧气约占空气总体积的1/5。

【教师】科技前沿：展示稀有气体含量的测定。

【学生】总结归纳空气的组成及各成分的含量（体积分数）圆饼图。

【教师】以空气引出混合物和纯净物的概念，并展示两组混合物和纯净物的名称。

【学生】对比分析：自主归纳出纯净物和混合物的特点（纯净物可用化学符号表示；混合物中的各组分保持自己的性质，不会相互发生反应）。

【教师】讲解：同学们，通过本节课的学习，我们更加深切地体会到我们生活的世界是物质的，而物质的研究要求不断地探究、发现和完善应用实验的方法。作为学生，你有哪些收获呢？

【设计意图】

1.通过设置适当的课前任务，培养学生加工信息、自主学习综合应用有效信息解决化学问题的探究能力。

2.通过分解经典实验，让学生积累感性经验，科学认知实验原理，形成测定思路。

3.基于学生"大气压"的知识储备，由浅入深地设置 3 个问题，让学生更易理解拉瓦锡经典实验的测定原理。

4.通过分析拉瓦锡经典实验的优势与不足，让学生理解化学与技术、社会、环境的相互关系。同时培养学生的科学探究能力和创新意识，并形成绿色化学观念。

5.通过"空气组成"的圆饼图，引申出混合物和纯净物的概念，帮助学生认识世界是物质的，形成对物质进行分类的科学物质观。

6.通过对常见纯净物和混合物的区分，培养学生科学思维的系统性和全面性。

教学实施过程中的反思及建议

1.基于分离思想，帮助学生建构物质研究模型（一般思路）为本节课的难点，在有限的课堂时间内难以完成学习任务。因此可事先给学生提供相关资料，通过设置适当的课前任务，让学生预先设计实验方案，课堂进行成果展示及教师点评，以此将难点分解，从而保障后续教学环节顺利进行。

2.理解拉瓦锡经典实验的原理需要学生具备"大气压"的理论知识及感性经验，教师可在实验讲解前演示一些类似的简易实验，通过类比，学生更容易理解测定原理。

3.本节课的教学任务以环环相扣的问题链来驱动，采取小组合作的方式来解决问题，注重培养学生的学科核心素养，对学生知识层面和动手方面要求较高。

从普利斯特里到拉瓦锡

——氧气的发现

一、教学基本信息

课　　题：从普利斯特里到拉瓦锡——氧气的发现

关 键 词：空气、科学精神、化学发展史

教　　材：人教版 2012 年版义务教育教科书《化学（九年级上册）》

二、教学内容分析

本单元的内容是初中化学学习的一大类物质——空气。这种物质看不见，摸不着，学生虽知道动植物呼吸需要空气，却不是很清楚空气到底是怎样的物质。这一单元是初中化学涉及具体物质的开端，学生在已有空气和氧气的生活经验，通过对空气的进一步学习，教师可顺利地引导学生以更高层次的学习要求来理解物质的奥秘，初步了解化学中研究物质的一般思路和方法。

"从普利斯特里到拉瓦锡——氧气的发现"承担的教学功能主要有：

1. 认识空气，知道空气的组成；

2. 发展学生对化学研究的好奇心和兴趣，培养学生发现问题、敢于求真、善于求证、严谨求学的科学态度；

3. 从物质分类的角度认识混合物和纯净物，并对常见物质进行分类；

4. 能观察并描述实验现象，通过对现象分析解释，总结归纳认识物质的基本方法。

三、教材素材分析

通过分析初中化学新课程标准和教材，本节课归类到第三学习主题——物质的组成与结构。本节课的作用是通过对空气组成的学习，培养学生严谨求实的科学态度；形成物质是多样的，可分为不同类型的化学观念。

通过学习文献和新课程标准，我选取了"从普利斯特里到拉瓦锡——氧气的发现"这一段具有代表性的化学发展史来引入主要的教学内容，帮助学生在学习科学知识的同时，意识到人类对物质的认识是不断完善、不断修正的过程。

四、整体设计思路（如表 1-2-1）

表 1-2-1 "氧气的发现"整体设计思路

教学环节	教学主要内容	能力与素养发展
普利斯特里等人对空气的错误认识	介绍普利斯特里等人对空气的研究和恩格斯对他的评价，让学生知道谬论和真理就在一念之间	培养学生发现问题、敢于求真的科学精神
拉瓦锡对空气成分的定量研究	仿做拉瓦锡实验，展现化学研究的历程，展现科学家的智慧	通过对实验原理的理解，分析实验误差的可能原因，培养学生分析推理能力
稀有气体的发现史	了解稀有气体氦气、氖气、氩气、氪气、氙气、氡气及氩气的发现史	使学生更全面地认识空气，进一步培养学生严谨求实的科学态度

五、教学过程

环节一：明确是空气客观存在的物质

【教师】播放一段美丽的自然环境的视频，蓝天、白云、溪水、绿树、阳光……引出我们离不开的空气。

【学生】观看图片。

【教师】提出问题：你能用一个简单的实验或实例来说明无色无味不易察觉的空气确实存在吗？

【学生】讨论发言：能够说明空气确实存在的实验或实例。回答：1. 风；
2. 空杯子倒扣在水中；3.……

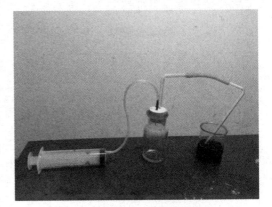

图 1-2-1　证明空气的存在

【教师】实验探究（如图 1-2-1）1：请同学来往外拉注射器并观察、描述现象。

【教师】提出问题：

1. 往外拉注射器，集气瓶中空气的量有什么变化？

2. 集气瓶中的压强如何改变？

3. 烧杯中的水进入集气瓶的原因是什么？

4. 抽出的空气的体积与进入集气瓶中水的体积是否相等？

【学生】学生回答：体积相等。

【教师】过渡：其实人们在很早以前就意识到空气确实存在，让我们一起来看看 18 世纪前的科学家对空气的认识。

【教师】课件展示：普利斯特里和舍勒对气体的研究及他们的错误认识。

【学生】学生观看图片，听老师介绍，体会科学研究的方向及科学研究的艰辛。

【设计意图】

1. 从现实生活场景出发，认识化学来源于生活。

2. 通过活动进一步证实空气的存在，明确压强改变对液体流向的影响。

3. 通过问题的层层递进让学生理解压强差会导致水进入集气瓶中。

4. 体会科学家科研的艰辛及其所具有的科学精神。

5. 创设情境，铺开空气研究的历史画卷。

环节二：拉瓦锡对空气的定量研究

【教师】过渡：由于普利斯特里等人受时代和自身思维的限制，面对实验结果，做出了错误的解释，与真理擦肩而过。科学家拉瓦锡敢于质疑，善于求证，终于将真理掌握在手中。

【教师】展示拉瓦锡的照片和研究空气成分所用的装置的图片（如图 1-2-2），并讲述拉瓦锡发现空气组成的故事。

图 1-2-2 拉瓦锡实验装置图

【学生】思考问题：拉瓦锡在实验过程中是如何发现气体减少的？

【教师】演示实验（如图 1-2-3）2：仿照这个著名实验的原理，测定空气里氧气的含量。

【实验 2-1】认识所需的仪器，并组织学生回答下列问题：

1. 介绍仪器；

2. 钟罩内的物质是什么？

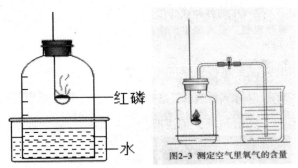

图2-3 测定空气里氧气的含量

图 1-2-3 测定空气中的氧气含量

【学生】观察现象并及时记录。

1. 描述实验现象。

2. 小结并交流成功的经验。

3. 寻找并分析失败的原因。

【教师】指导学生观察实验现象并记录。小组间分享交流现象并分析，引导学生从两方面来分析：

1. 实验成功，描述现象；

2. 实验失败，寻找原因。

【学生】分组讨论、交流结果：

1. 水面上升小于 1/5 的原因有：装置漏气；红磷量不足等；当氧气含量低时，红磷不能继续燃烧。

2. 阅读教材的有关内容，归纳空气的组成成分，形成表示该反应的文字表达式、化学符号表达式。

【教师】总结：测定空气中氧气含量的原理。

1. 形成密闭环境。

2. 药品选择：在空气中只与氧气反应，反应后的生成物不为气体。

3. 根据内外压强差，测定密闭环境内氧气的体积分数。

【教师】实验探究 3（教师演示实验）：向水槽中加水至水面和钟罩内水面等高，将燃着的红磷放入钟罩内，几秒后取出，再放入，几秒后再取出。

【学生】观察实验现象，并描述：红磷放入钟罩内，火焰消失；拿出钟罩后，火焰重新出现。

【教师】提问：1. 我们刚才的实验说明钟罩内剩余的气体具有怎样的性质？

2. 集气瓶中剩余气体是一种还是多种？

【学生】回答氮气的相关性质。

【设计意图】

1. 让学生知道实验是学习化学的重要途径和方法。

2. 通过学生自主进行实验探究，体验实验过程中的成功与失败。让学生在观察与讨论中发现问题、提出问题、解决问题，从中培养科学观察、规范表达和分析问题的能力。

3. 对实验现象作进一步的分析、探究，培养学生的探索精神。引导学生对所获事实与证据进行归纳，得出结论。培养学生规范表达的能力。

4. 通过实验创新，引领学生认知科学知识。

环节三：稀有气体的发现史

【教师】展示卡文迪许、雷利、拉姆赛、道恩的照片，讲述他们发现稀有气体的故事。

【学生】阅读教材，勾画关键词。

【教师】总结：我们今天所学的化学知识以及人类对物质的认知，与先贤的研究和奋斗密不可分，同学们站在巨人的肩膀上有希望摘取更丰盛的果实。

【学生】体会科学研究方向的重要性以及科学研究的艰辛过程。

【设计意图】

1. 学习空气的成分，让学生知道空气主要由氮气和氧气组成。稀有气体不是一种单一的气体。记忆各成分的准确占比。

2. 科学理论的发展都是曲折向前的。只有通过不断修正、补充，最后才有完善的、全面的认知。学会以发展的眼光看待科学知识。培养学生的科学精神与科学观念。

教学实施过程中的反思及建议

结合科学史来讲解本课题的主要内容，有利于学生从更高的维度来认识物质世界，在掌握空气组成的同时体会科学研究方向的重要性。简单的演示实验，更有利于学生理解；利用压强差把不可见的氧气替换成可见的等体积的水，有利于学生分析产生实验误差的原因。

科学史讲解过程中应适当选取和课题内容紧密相关的部分，切忌繁杂。

"追寻化学史，重走科学路"的教学设计
——水的组成

一、教学基本信息

课　　题："追寻化学史，重走科学路"的教学设计——水的组成

关 键 词：水、科学精神、化学发展史

教　　材：人教版 2012 年版义务教育教科书《化学（九年级上册）》

二、教学内容分析

本课题的研究对象是生活中常见的物质——水，这一课题是初中教材中第一次对物质组成进行详细的探究。从学生现有的生活经验来看，他们对水的认识停留在感性认识，本课题将结合化学史，通过实验电解水，帮助学生从感性到理性，从宏观到微观，从经验到科学，更全面地认识水。

"追寻化学史，重走科学路——水的组成"本课题承担的教学功能有：

1.了解水的组成及验证方法，初步掌握探究物质组成的一般方法；

2.有承上启下的作用，即通过对电解水微观过程的分析，进一步加深对第三单元化学变化微观实质的理解，为第五单元质量守恒定律的教学做铺垫；

3.体验人类历史上对物质探索的过程，体会科学探究的严密逻辑和推理，提升学生的科学素养。

三、教材素材分析

通过分析初中化学课程标准（2022版），本节课内容应归类到第三学习主题——物质的组成和结构。我选取了古代人类对水的认识、假说，近代化学家普利斯特里、

卡文迪许、拉瓦锡的探究实验，结合教材中给出的实验来安排教学内容。

四、整体设计思路（如表1-3-1）

表1-3-1 "水的组成"整体设计思路

教学环节	教学主要内容	能力与素养发展
古代东西方对水的认识	通过文献资料的阅读，了解人类最早的化学萌芽是在假说中产生	追根溯源，体验人类对物质世界最早的认识过程
普利斯特里、卡文迪许将氢气燃烧生成水的实验	通过阅读资料、观看视频，认识该实验的具体过程	初步尝试分析该过程中，化学反应前后，元素种类不变的原理，形成推理意识
拉瓦锡定性、定量探究水的组成的相关实验	了解拉瓦锡的相关实验，完成电解水实验，并分析实验	体会科学探究中的严密逻辑和推理过程
根据已有经验，想象、推理电解水实验的微观过程	用模型呈现电解水的微观过程	体会宏观和微观的联系，初步了解质量守恒定律
解决实际问题	分析神舟十三号火箭所用燃料偏二甲肼的组成	体会化学在生活中的实际应用

五、教学过程

环节一：课堂引入

【教师】同学们，我们的家乡重庆是一座美丽的山水之城！重庆的美，不止山，还有水。下面请大家欣赏我们家乡的美丽景色！（PPT：展示美丽的山水图片）

【学生】观看图片，感受家乡重庆的美丽。

【教师】这就是这堂课的主角——水。水是生活中的常见物质。根据生活经验，我们都知道水是无色无味的液体，有广泛的用途。通过第四单元课题1、课题2的学习，我们了解了地球上水资源概况，知道了如何爱护水资源，还知道了净化水的常见方法。今天，我们将进一步认识水的组成、结构和部分化学性质。

【学生】回顾第四单元关于爱护水资源、水的净化的相关内容。

【设计意图】

从身边熟悉的风景感知本节课要探究的物质——水，并回顾相关知识，唤起学生记忆，体验化学与生活的紧密联系，根据最近认知理论进行拓展。

环节二：结合历史 追根溯源 找寻答案

【教师】布置任务：首先，请大家将教材翻到第81页，阅读资料卡片——水的组成揭秘，并思考：为什么说上述实验已经揭示出水不是一种元素？（提示：资料第一排中提到的易燃空气，就是氢气。）时间控制在两分钟。

【学生】阅读教材，思考问题。回答：氢气和氧气化合生成水，可知水中不只一种元素。

【教师】追问：你的理论依据是什么？

【学生】回答：化学反应前后，元素种类不变。

【教师】还没有理解的同学也没关系，我们一起来看一个例子。请看大屏幕：实验室制氧气的三个化学反应，高锰酸钾、氯酸钾、过氧化氢都分解产生了氧气，它们能分解得到氮气吗？这是为什么呢？请大家思考！

【学生】思考并回答：不能得到氮气，因为反应物中没有氮元素。

【教师】追问：也就是说，元素在化学反应前后有无变化？

【学生】回答：元素种类不变。

【教师】追问：除了氧，其他元素的种类有没有发生变化？

【学生】回答：没有。

【教师】同学们，请拿出如虹气势，我们一起大声朗读这段话，它将是我们今天实验推理的重要依据。

【学生】（齐读）

【教师】小结：我们再回到两位科学家的实验，他们都用氢气和氧气化合生成了水，原本他们可以根据化学反应前后，元素种类不变的原理，推测出生成物——水中含有氢、氧两种元素。可惜这两位科学家受旧理论的束缚，将实验结果解释为氢气、氧气中都含有水元素，遗憾地与真理失之交臂。

【教师】过渡：下面，一起来观看氢气燃烧的视频。

【学生】观看氢气燃烧视频。

【教师】提问：氢气燃烧有哪些现象？

【学生】回答：氢气燃烧时，火焰呈淡蓝色，干冷的烧杯内壁出现水雾，说明燃烧生成了水。

【教师】小结：氢气燃烧产生的火焰，理论上是淡蓝色，但在玻璃导管口点燃时，由于玻璃中钠元素的干扰，实际上我们看到的是黄色。请大家牢记该现象，它会对后面的推导有提示作用！

【教师】过渡：历史发展到这里，人类对水的认识并没有明显的突破。

【教师】终于，在 1783 年，转折性的时刻到来了。那一年卡文迪许的助手布拉格登在访问巴黎时，将这一实验告诉了拉瓦锡。拉瓦锡立即进行了跟踪实验。首先他重做了两位科学家的实验，将氢气燃烧生成水。但他觉得还不够严谨，因为他考虑到这个反应除了生成水，还可能生成其他物质。因此用逆向思维的方法，又反过来将水分解得到了氢气和氧气。他的高明之处就在于他分别从正、反两个方向去分析水中含氢、氧两种元素。

【教师】接下来，我们将仿照拉瓦锡的实验原理，改进装置和方法，在通电条件下，完成水的分解实验。我想邀请三位同学到讲台上来近距离观察实验。（举手示意）名额有限，先到先得哦！

【教师】这是实验室常用的电解水装置——霍夫曼水电解器。由于时间关系，课前我已经做好了所有准备，装置内部已经装满了水。现在就只差接通电源了。来，现在我请这位同学，你来帮我们按下这见证历史的开关。其他同学注意观察，电源接通的一瞬间，实验现象是什么？

【学生】观察电解水实验的现象。

【教师】提问：大家看到了什么？从哪里冒出来的？气体产生后，往上聚集，这是为什么？

【学生】回答：有无色气体产生。从装置的底部产生。气体的密度小于水。

【教师】这究竟是怎么回事呢？来，我们仔细观察观察装置。水电解器与直流电源相连。电极接线柱连通到两边玻璃管底部。左边接电源正极，右边接负极。通电后，在玻璃管底部，水发生分解反应，产生气泡。由于产生的气体密度小于水，所以上升聚集到两边玻璃管顶部。同时，由于两边玻璃管与后面的胶皮管在底座相通，因此当气体增多，压强变大时，剩余的水将被压入后面的漏斗中。

【教师】提问：现在大家继续观察，还能看到哪些现象呢？（提示玻璃管上有刻度）这个实验的理论值应该是 1：2，而实验测定的正极气体偏少，请大家思考原因。

【学生】记录实验数据。

【教师】提问：大家觉得这两种气体，分别是什么呢？

【学生】回答：氢气和氧气。

【教师】追问：你的猜想正确吗？实验才是检验化学结论的最高法庭！气体究

竟是不是氢气、氧气，我们实验一下就知道了！请同学们回忆，氧气该如何验证呢？

【学生】回答：将带火星的木条放在导管口，若复燃，则为氧气。也可以用燃着的小木条，若燃烧更旺，则为氧气。

【教师】演示：现在我关闭电源，请大家仔细观察！（演示氧气的检验）

【教师】确实是氧气！氢气又该如何验证呢？（提示结合氢气燃烧的视频内容）

【学生】回答：将燃着的木条放在导管口，若气体被点燃，火焰呈淡蓝色，则为氢气。

【教师】但由于氢气是可燃性气体，可燃性气体中如果混入了氧气，点燃则有发生爆炸的风险。所以为了安全，我们不能立刻点燃氢气，需要先检验它的纯度。请同学们仔细观察老师的操作。

【教师】演示：氢气的验纯。取一支小试管，试管管口朝下，用向上排空法收集氢气。打开开关，取氢气。取好后，拇指堵住试管口，移近火源，松开拇指。"嘘！"大家仔细听声音。

【教师】听到了吗？发出了"啾"的声音。这就是氢气不纯的声音。其实我刚刚故意没有收集满氢气，试管内有部分空气，当靠近火源时，试管中的氢气与氧气剧烈燃烧，所以大家听到了"啾"的爆鸣声。如果此时点燃大量该气体，就有发生爆炸的风险。那怎么办呢？需要继续验纯，直至确认纯净后才能点燃。在继续收集氢气前，我要用拇指堵试管口一会儿，目的是让刚刚爆鸣时可能残余的火星完全熄灭，当然也可以换一根试管。演示实验：现在我继续收集氢气。"嘘！"大家仔细听！发出了"噗"的声音，这是氢气已纯净的标志。需要提醒大家的是，如果你什么声音都没有听到，有可能是操作失误，没有收集到氢气哦！下面，我就来点燃纯净的氢气！

【教师】给同学们3分钟的时间，请将实验现象记录在学案的第一部分。请这几位同学回到自己的座位。

【学生】完成学案：记录实验现象。

【教师】投影：展示学案，并用红笔更正答案。

【教师】布置任务：综合上述证据，大家能否写出该化学变化的文字表达式，并推导实验结论？请同学们继续完成学案上第二、三部分的内容。时间1分钟。

【学生】完成学案。

【教师】订正答案。大家看，我写对了吗？（板书，故意不写条件）该实验的结论是什么？请一位同学和大家分享具体推导过程。

【学生】回答：水由氢元素、氧元素组成。因为化学反应前后，元素种类不变，水分解得到了氢气和氧气两种物质，这两种物质中含有氢元素和氧元素，所以水中必然含有氢、氧两种元素。

【教师】提问：最后我还有个小问题。为什么实验测得的氧气偏少？

【学生】回答：氧气在水中的溶解性比氢气好，且部分氧气与金属电极反应。

【教师】追问：这个实验还有漏洞吗？科学家拉瓦锡为了确保实验的严谨性，还利用天平进行了质量的测定。下面请看大屏幕。

【教师】讲解：他将一定质量比的氢气和氧气在一起燃烧，化合后生成的水的质量和原先氢气、氧气质量之和相等；反过来再将这些水分解，得到的氢气和氧气的质量也和原来的相等。

提问：拉瓦锡为什么要做这个实验？你想到了什么？现在你可以和周围的同学讨论，交流，看能不能找到正确答案！

【学生】思考，交流讨论。

【教师】请一位同学和大家分享自己的看法。

【学生】回答：为了确认水通电只生成了氢气和氧气两种物质，没有其他不易观察到的物质生成。

【教师】大家觉得怎么样？说得太好了，请大家鼓掌通过！思维严密，你以后有当科学家的潜质！拉瓦锡通过该定量实验，否定了这两个反应中有除水、氢气、氧气以外的其他物质参与。所以当化学从定性实验发展到定量实验时，化学就从一门总结经验的学科变成了严谨的科学！

【教师】提问：我们现在已确定水由氢、氧两种元素组成，那现在能写出水的化学式吗？为什么？

【学生】回答：不能。还不知道水分子中 H、O 原子的数目比。

【教师】布置任务：请大家在这节课后，结合学案上的资料（阿伏伽德罗定律），尝试推导水分子中氢、氧原子的个数比为 2：1。我将在下节课邀请部分同学来当小小科学家，上台分享你的推导过程。

【教师】过渡：刚刚我们主要从宏观的角度认识了水及其分解，那么，微观世界的水分子又经历了怎样的奇幻旅程?

【教师】提问:大家还记得吗,化学变化的微观实质是什么?

【学生】回答:化学变化就是分子的分开,原子的重组。

【教师】请大家根据图示,结合黑板上电解水的符号表达,在学案上画出该微观过程。我想邀请两位同学到黑板上用模型展现这个过程。时间3分钟。

【学生】拼搭模型:两位同学在黑板上用磁力片展现该过程,其余同学完成学案。

【教师】巡视,交流,指导。

【教师】好,时间到,请大家停笔。我们先来看看两位同学在黑板上拼搭的模型!

【教师】完全正确! 非常优秀! 微观想象力一百分! 刚刚我还看到其他同学的不同模型,一起来看看! (展示几种常见的错误)

【教师】提问:大家数一数,参加反应的水分子有几个? 生成的氢分子、氧分子有几个? 板书: 将化学反应式改写成化学方程式。中间改为等号,并标注气体符号,这就是我们即将在第五单元学习的化学方程式,加上系数以后,左右两边,反应前后同种原子的个数相等。

【学生】回答:一个水分子由两个氢原子和一个氧原子构成。

【教师】小结: 微观的角度来看,化学反应只是分子的分开,原子的重组。整个过程中原子的数目没有增减,所以宏观上表现为,所有的化学反应前后,物质的总质量不变,这个规律就叫作质量守恒定律,我们将在第五单元做详细的学习!

【设计意图】

1.通过简单回顾人类对水的认识历史,让学生初步感知人类对物质的认识过程是一个从感性到理性,从假说到科学的漫长过程,凸显出化学研究的深远意义。

2.通过这则故事,学生生动地感受了历史,初步体会了实验中包含的科学知识,尝试用科学的观点解释事实。

3.通过回顾熟悉的实验,绝大多数同学加深了对"化学反应前后,元素种类不变"这一理论的理解,学生搭建好知识的底层架构,为后续课堂推理做好知识准备。

4.让学生直观感受氢气燃烧的过程,并观察燃烧的现象。

5.通过对历史的回顾,让学生体验科学探索的不易,感受科学家们在探寻真理过程中的严密逻辑。

6.通过实验演示,情景教学,让学生深刻理解反应原理。

7. 引导学生细致观察实验，准确描述实验现象，并能结合现象进行推理，得出结论。

8. 培养学生的推理能力。

9. 引导学生对实验细节的关注。

10. 体会实验探究中的严密逻辑，明白定量实验在化学研究中的重要意义。

11. 为课题 4 "化学式与化合价"的学习做铺垫，让学生理解物质化学式的意义。

12. 加深对第三单元化学反应的微观实质的理解和应用，凸显本节课承上的作用。

13. 让学生初步感受第五单元中，所有化学反应都遵循质量守恒定律的本质原因，凸显本节课启下的作用。

环节三：解决问题

【教师】本节课我们结合历史，从宏观和微观的角度认识了水及其分解，你能结合本节课学到的知识，解决生活中的实际问题吗？

我们来看一则新闻：北京时间 2021 年 10 月 16 日 0 时 23 分，搭载神舟十三号载人飞船的长征二号遥十三运载火箭，在酒泉卫星发射中心点火发射。这是火箭升空时，产生的巨大火焰！运送火箭使用了化学推进剂，动力燃料为偏二甲肼，常规氧化剂为四氧化二氮。该过程的化学反应式如下：$R+N_2O_4 \rightarrow CO_2+H_2O+N_2$。

提问：偏二甲肼中含有什么元素？依据是什么？

【学生】回答：偏二甲肼中一定含有碳元素、氢元素，可能含有氮元素、氧元素。依据：化学反应前后，元素的种类不变。

【教师】追问：根据你推测出的答案，如果我们将偏二甲肼分解，它能产生 SO_2 吗？原因是什么？（不断强化学生的记忆：化学反应前后，元素种类不变）

【学生】回答：不能。因为化学反应前后，元素的种类不变。

【教师】小结：今后我们也可以用这个方法去确定其他纯净物的组成。

【设计意图】

体会化学和生活的重要联系，能利用所学知识解决生活中的实际问题，并提炼出探究物质组成的一般方法。

环节四：课堂小结

【教师】今天这节课，我们追寻化学史，重走科学路。我们一起回顾了历史上人类对水的探索过程，从宏观、微观两个角度认识了水的组成、结构，明白了可以根据化学反应前后，元素种类不变，确定纯净物的组成。也感受到了科学的发展需要严密的逻辑、精准的实验、坚定的决心和敢于突破旧束缚的勇气。科学成果来之不易，科学的发展需要我们共同努力！希望同学们在今天的学习中能有所感悟，并获得前进的动力。

【学生】观看课件，结合化学史，梳理知识和方法。

【教师】好，下课！谢谢大家！

【设计意图】

通过简要回顾本堂课的知识要点，梳理人类历史上对水的认识过程，一方面强化学生对知识的掌握，另一方面引发学生的情感共鸣，激励学生在科学探究道路上勇于开拓进取。

教学实施过程中的反思及建议

1. 从化学史实的角度建构化学知识，让学生的知识在了解化学史实的过程中生成。

2. 以科学家的思维，从不同角度分析水的组成，培养学生科学探究能力。

碳氏三兄弟

——金刚石、石墨和 C_{60}

一、教学基本信息

课　　题：碳氏三兄弟——金刚石、石墨和 C_{60}

关 键 词：碳单质、球棍模型、新材料

教　　材：人教版 2012 年版义务教育教科书《化学（九年级上册）》

二、教学内容分析

本单元的教学内容是继第二单元氧气之后，重要的元素与化合物知识。本节课主要介绍碳元素形成的三种重要单质。从微观结构入手，学习金刚石、石墨不同的物理性质以及对应的用途。介绍 C_{60} 的发现及其应用，引导学生关注科技发展的前沿领域，比如碳纳米管。学习无定形碳中木炭、活性炭的吸附性差异。通过本节课的学习，让学生理解物质结构—性质—用途三者之间的关系。

"碳氏三兄弟——金刚石、石墨和 C_{60}"承担的教学功能主要有：

1. 认识碳元素形成的三种重要单质，学习它们的物理性质和用途；

2. 引导学生建构起物质结构决定性质，性质决定用途的思维模型；

3. 从物质分类的角度，区分出金刚石、石墨和 C_{60} 是单质，而木炭、活性炭是混合物；

4. 学会观察微观模型，初步了解球棍模型所代表的含义，体会不同物质结构不同。

三、教材素材分析

通过学习初中化学课程标准（2022 版），本节课归类到第二学习主题——物质的性质与应用。本节课的作用是通过对三种碳单质微观结构、物理性质和应用的对比，构建起结构决定性质、性质决定用途的思维模型。

通过学习 C_{60}、C_{70}、C_{240}、C_{540} 等单质碳在高新技术方面的应用，让学生了解到近年来我国在这些方面取得的骄人成绩，增强他们的民族自尊心和自豪感。尤其是了解到新型纳米材料——碳纳米管的应用前景，学生对投身科学研究表现出极大的决心和热情。

四、整体设计思路（如表 1-4-1）

表 1-4-1 "金刚石、石墨和 C_{60}"整体设计思路

教学环节	教学主要内容	能力与素养发展
展示金刚石、石墨和 C_{60} 的分子模型	介绍小球代表碳原子，短棍代表原子之间的相互作用力。观察不同的物质，原子的排列方式不同	培养学生的观察能力和空间思维能力
对比金刚石、石墨物理性质和用途	学生实验：玻璃刀划玻璃、铅笔写字、拆解干电池看电极。填写性质对比表	通过实验培养学生观察、描述、记录实验现象的能力。初步体会物质结构决定性质，性质决定用途
视频播放 C_{60} 及碳纳米管的研究进展	学生通过微观模型，分析出 C_{60} 是分子构成的单质。了解碳纳米管在生活中的应用	进一步加深对结构决定性质、性质决定用途的理解
木炭和活性炭	学生实验：活性炭的吸附性	与生活实际相联系，感受化学的魅力

五、教学过程

环节一：金刚石、石墨的物理性质和用途

【教师】（引入）视频播放：钻石骗局。钻石是 20 世纪最成功的营销案例。1888 年南非钻矿的投资者成立 Dee beers 公司，垄断了全球钻石的开采和经销。由此地壳中含量并不少的钻石就变得十分昂贵。

【学生】观看视频。

【教师】过渡：虽然视频让我们了解到钻石的价格和价值并不相符，但它璀璨夺目的光芒让人难忘。这就是今天我们要认识的碳氏三兄弟的大哥——金刚石。

【教师】提问：请同学们观察金刚石的球棍模型，碳原子的排列方式是怎样的？

【学生】回答：观察球棍模型得出，每个碳原子和其他四个碳原子相连接，构成正四面体。这样的基本单元在空间延伸，构成立体网状的结构。

【教师】活动一：用桌上的五个橡皮球和小棍搭建出金刚石结构中的基本单元。

【学生】学生搭建模型并互相评价。

【教师】讲解：金刚石的内部碳原子在三维空间形成了一个连续的、坚固的立体网状结构。这种结构在各个方向联结力很强，要破坏它很困难，需要很高的能量。这种结构使金刚石有极高的硬度。

【教师】活动二：先用玻璃刀划一小块玻璃，再用手将玻璃掰开。

【学生】观察，感受到金刚石是自然界最硬的物质。

【教师】过渡：老大真是风华绝代啊，现在我们欢迎老二登场。（展示石墨球棍模型）

【教师】提问：请同学们观察石墨的球棍模型，碳原子的排列方式是怎样的？

【学生】回答：观察球棍模型得出，每个碳原子和其他三个碳原子相连接，形成平面正六边形。石墨是层状结构。

【教师】讲解：石墨结构中同层碳原子结合力较强，但层与层之间，结合力微弱，极易发生滑动。所以石墨具有滑腻感和导电性。

【教师】活动三：（1）铅笔芯由石墨和黏土制成，在纸上写"碳氏三兄弟"。（2）教师拆开一个用过的干电池，取出正极碳棒。

【学生】学生书写，在纸上留下痕迹，感受石墨质软，观察字迹，呈灰黑色。了解到生活中常见的干电池正极是碳棒。推知石墨具有导电性。

【教师】拓展：铅笔标号中的 H 代表 hard，B 代表 black。石墨越多，铅笔芯越软越黑；反之黏土越多，铅笔芯越硬，颜色越浅。

【教师】播放视频：金刚石、石墨在生产生活各方面的应用。（光学仪器、碳钎维、中子减速器、电刷等）

【学生】听老师介绍和观看视频，发现生活中处处充满化学。如此设计教学不仅增加了我们的知识储备，体会到了化学学科的魅力，还让我们爱上了化学。

【教师】总结：金刚石和石墨的在结构、物理性质和用途方面的差异。

【学生】填写结构、性质、用途的对比表格。

【设计意图】

1.让学生了解钻石的营销手段，引导他们建立正确的价值观。

2.引出实验活动一，通过活动让学生感受金刚石的结构，为接下来学习其物理性质做铺垫。

3.通过亲手搭建结构模型，理解"结构决定性质"。

4.通过观察发现，同种原子，排列方式不同，物理性质不同。

5.学生对生活中的物品非常熟悉，将化学知识和生活联系起来，能激发他们的学习热情，进一步感受物质的性质决定用途。

6.培养学生进行知识归纳的能力。

环节二：C_{60}（足球烯）的性质和用途

【教师】播放视频：在实验室发现的一种碳单质——C_{60}形似足球，在超导体、光学应用、癌细胞杀伤效应方面有巨大的功效。

【教师】提问：碳氏家族的小弟是最年轻的成员。它的外形和足球很相似。这种结构的碳分子很稳定。那么C_{60}中的60表示什么？

【学生】回答：一个C_{60}分子中有60个碳原子。

【教师】活动四：计算C_{60}的相对分子质量。

【学生】（计算）

【教师】播放视频：碳纳米管——单层或几层的石墨。质轻，但强度比钢高了100倍。

【学生】讨论，大胆想象，碳单质的这些新成员在生活中将发挥越来越大的用途。

【教师】总结：碳氏三兄弟依次闪亮登场，让我们既看到了它们的相同之处，又看到了它们各自独特的性格。

【设计意图】

1.学生通过观看视频，了解到实验室发现的一些新型碳单质和它们广泛的应用前景，激发他们投身科学研究的热情。

2.通过计算C_{60}的相对分子量，进一步加深对C_{60}是由分子构成的印象。

3.让学生在观察与讨论中发现物质结构决定性质，性质决定用途的关系。培养学生科学观察、规范表达和分析问题的能力。

环节三：木炭、活性炭和炭黑的性质和用途

【教师】展示图片：冰箱除味剂、空气清新剂等。

【教师】演示实验：向两只烧杯分别加入50mL的水，各滴入5滴红墨水。再分别加入等量的木炭和活性炭，玻璃棒搅拌，静置，观察现象。

【学生】描述：加入活性炭的烧杯中，红色水变得无色透明；加入木炭的红色水颜色变浅。

结论：活性炭的吸附能力比木炭强。

【教师】演示实验：点燃一支蜡烛，取一个瓷盘，将盘底靠近火焰，发现盘底变黑，这黑色物质就是炭黑。

【学生】家庭实验：制备炭黑。

【教师】展示：炭黑的用途。

【教师】结束：刚才我们所学习的木炭、活性炭和炭黑，它们也是碳元素组成的不同物质，也是碳氏大家族的成员，但它们是混合物。这个家族的成员在各行各业发挥着不同的作用。让我们继续努力，发现它们还不为人所知的秘密。

【设计意图】

1. 对实验现象做进一步的分析探究，引导学生建立对比实验的思维模型。逐步培养学生规范表达的能力。

2. 科学的发展是永无止境的。兴趣是最好的老师，在生活中发现化学的美，发现化学的实用之处，从而激发学生对化学学科的热爱。

教学实施过程中的反思及建议

1. 教师指导学生动手搭建金刚石的立体结构，将抽象的问题具体化。让学生感知"结构决定性质"。

2. 学生从结构、性质、用途三方面对碳的三种重要单质进行一一对比，用类比法，在较短的时间掌握三种碳单质的重要性质。

3. 教师可在课后引导学生继续关注碳单质研究的最新进展，激发学生对科学技术领域的兴趣，提升科学素养。

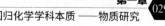

建构化学物质研究模型

——二氧化碳的性质与用途

一、教学基本信息

课　　题：建构化学物质研究模型——二氧化碳的性质与用途

关 键 词：二氧化碳、研究模型、科学探究

教　　材：人教版 2012 年版义务教育教科书《化学（九年级上册）》

二、教学内容分析

在初中化学教材所涉及的物质中，二氧化碳是氧气、水之后的又一种物质。在课程标准中，第六单元"碳和碳的氧化物"的相关知识是分散提出的，本单元通过集中编排，集中处理，来学习碳和碳的氧化物的相关性质，并解决实际问题，初中化学教材所涉及的许多反应都与碳和碳的氧化物相关，因此可通过对碳和碳的氧化物的进一步学习，引导学生在更高层次深入、细致地研究常见的化学物质。

"二氧化碳的性质与用途"承担的教学功能主要有：

1. 通过对化学物质学习方法的再现和加强，建立学生对物质系统的认识方式；

2. 实验素材丰富，挖掘价值大，体现化学是一门以实验为基础的学科，发展学生的科学探究能力；

3. 链接氧气、碳单质的相关知识，深化对物质研究的理解，为后续酸碱盐的学习做铺垫；

4. 培养学生从现象到本质，从感性到理性的科学认知方法。

三、教材素材分析

教材中，本课题首先从分子构成不同入手，初步分析二氧化碳和一氧化碳在性质上存在不同；再通过三个实验分别介绍二氧化碳的性质，根据学生已有知识，紧密联系实际生活，介绍二氧化碳的常见用途。

义务教育化学课程标准（2022版），对证据推理和模型认知、科学探究等提出了要求，"二氧化碳的性质与用途"注重科学探究，引导学生设计实验，收集证据从而得出结论。由此构建化学物质研究模型，帮助学生系统地掌握二氧化碳的性质与用途。

四、整体设计思路（如表 1-5-1）

表 1-5-1　"二氧化碳的性质与用途"整体设计思路

教学环节	教学主要内容	能力与素养发展
课题引入	CO_2 与澄清石灰水反应	感知从宏观观察到符号表征的学习转变
直接观察	CO_2 的色、味、态	强化实验观察能力
猜想推理	回顾 CO_2 的已有知识	树立从生活走进化学的理念
实验验证	验证 CO_2 不燃烧也不支持燃烧及其密度、溶解性实验探究 CO_2 与水反应	培养学生以控制变量的思维方法，自主设计实验的学科素养
实际应用	CO_2 的常见用途	领会性质决定用途、用途体现性质的学科思想
模型构建	建立化学物质研究模型	发展学生证据推理和模型认知的学科素养

五、教学过程

环节一：教学导入

【教师】（创设情景）"疯狂的可乐"现场演示，摇晃可乐，直至可乐冲出。

【教师】问题 1：产生的气体是什么？

【学生】猜测气体是 CO_2、O_2。

【教师】问题 2：如何检验刚才的猜想？

【学生】提出检验气体的方法，同教师一起利用澄清石灰水进行检验（如图 1-5-1）。

图 1-5-1　"疯狂的可乐"实验装置图

【教师】问题 3：你能写出澄清石灰水变浑浊的化学反应方程式吗？

引导学生代表在黑板上的指定位置写出反应方程式。

【设计意图】

从学生熟悉的场景导入本节课的主角：二氧化碳。通过对可乐中的二氧化碳的检验得出二氧化碳与澄清石灰水反应的化学性质，激发学生的学习兴趣，搭建新知学习的阶梯。

环节二：实物观察

【教师】问题：请同学们对塑料瓶中收集的二氧化碳进行描述。指导学生闻气体的实验操作。

【学生】描述现象：二氧化碳的色、味、态等物理性质。

【设计意图】

在对二氧化碳的实物观察和思考中，引导学生建立研究物质的第一步。

环节三：猜想推理

【教师】问题 1：请同学们根据生活常识，说出二氧化碳的用途。

问题 2：这些用途反映出二氧化碳可能具有什么性质？

【学生】说出二氧化碳的用途并推测其性质。

【教师】板书写下学生的回答。

【设计意图】

学生根据生活常识做出猜测，让学生感知用途反映性质的学科思想。

环节四：实验验证

【教师】演示实验："高低蜡烛"实验演示（希沃投屏展示实验现象）

【学生】描述现象，蜡烛自下而上熄灭。

【教师】问题 1：蜡烛为什么会熄灭？

【教师】问题 2：蜡烛为什么是自下而上熄灭？

【学生】得出结论：此实验说明二氧化碳一般情况下不燃烧也不支持燃烧，且密度大于空气。

【教师】对比实验：二氧化碳的溶解性探究。引导学生采用对比法，利用密闭容器中形成压强差的方法探究气体的溶解性。

【学生】实验：左边三个小组学生将水倒入盛满二氧化碳的矿泉水瓶中，并迅速拧紧瓶盖，右边三小组将等量水倒入空的矿泉水瓶中，迅速拧紧瓶盖，各小组同时摇晃矿泉水瓶。

【学生】描述现象：盛有二氧化碳的矿泉水瓶变瘪。

【教师】问题1：矿泉水瓶变瘪说明了什么？请同学们阅读教材，说出二氧化碳在水中溶解能力。

得出结论：此实验说明二氧化碳能够溶于水。

阅读：通常情况下，1体积水溶解1体积的二氧化碳。

【教师】过渡：可乐、雪碧等饮料，我们统称为碳酸饮料，这是为什么呢？

【教师】问题2：在此过程中有没有发生化学变化？

实验探究："二氧化碳与水反应"。

演示实验：向实验二中盛有二氧化碳的矿泉水瓶中的液体滴入紫色石蕊溶液。

【学生】描述现象：矿泉水瓶中液体由紫色变为红色。

【教师】提出问题：是什么物质使石蕊变红？

【学生】猜想假设：①水；②二氧化碳；③水和二氧化碳生成的新物质。

【教师】任务：利用给定药品和主要仪器，设计实验探究。药品和主要仪器：装有水的喷瓶、紫色石蕊溶液染成的干燥纸花若干、装有二氧化碳的塑料瓶、镊子等。

要求：以小组为单位，讨论实验方案，同时画出实验方案并上讲台汇报。

【学生】设计实验：以小组为单位自主设计实验，讨论实验方案并用马克笔在一张大的白纸上，画出实验方案的装置图。小组代表上台展示、分析小组成果，其他同学进行补充，完善实验方案。

【教师】进一步评价，引导学生完善方案。

【学生】小组实验：依照方案进行实验。

收集证据：记录实验现象。

得出结论：水和二氧化碳反应生成了新物质使石蕊变红。

【教师】提出问题：二氧化碳与水反应生成什么？

【学生】（思考）

【教师】演示实验：分别向盛有等量稀盐酸、稀硫酸、稀醋酸的小试管中滴加几滴紫色石蕊溶液（希沃投屏展示实验现象）。

【学生】描述现象：石蕊都由紫色变为红色。

【教师】解释：石蕊是一种指示剂，遇酸会变红。

【教师】问题：依据化学反应前后，元素的种类不变，请同学说出二氧化碳与水反应的生成物并写出该反应的化学方程式。

【学生】书写化学反应方程式。

得出结论：CO_2 能溶于水，且与水发生反应。

【教师】对环节二中，学生根据二氧化碳用途推测其性质给予评价。

【设计意图】

1.通过演示实验和学生小组实验来探究二氧化碳的性质，体现化学是一门以实验为基础的学科；同时让学生感受化学知识是通过实验来获取的；还通过对比实验来分析现象，得出结论，培养学生证据推理的学科素养。

2.本环节教师给定药品和仪器，帮助学生搭建基本框架，在进行对比实验后，引导学生自主设计实验方案，由浅入深，发展学生更深层次的科学探究能力。

3.通过画实验方案图并展示，将学生的成果显性化，有利于对学生的评价，促进学生积极参与课堂。

环节五：实际用途

【教师】微视频展示：二氧化碳的常见用途。

【教师】问题：我们所学的二氧化碳性质分别对应了视频中二氧化碳的哪些用途？

【学生】交流回答：二氧化碳的性质决定了它在生产生活中的广泛用途。

【教师】通过视频引导学生了解二氧化碳的其他用途，并知道干冰升华吸热的性质等。

【学生】（思考理解）

【设计意图】

在了解二氧化碳的广泛用途的基础上，让学生感知性质决定用途，用途反映性质的学科思想。

环节六：总结提升

【教师】总结：带领同学们一起回顾本节课内容（二氧化碳的性质与用途），并建构化学物质研究的模型。

【学生】在老师引导下，学生梳理二氧化碳的相关知识，建构化学物质研究的模型（如图1-5-2）。

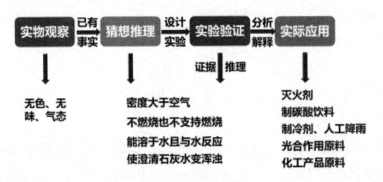

图 1-5-2　化学物质研究模型

【教师】课堂延伸：本堂课已结束，而我们的探究并未结束。我们可将今天所建立的学习模型应用到其他物质的学习中，在实践中提升自我，请同学们运用今天建构的化学物质研究模型去自学 CO 的性质和用途。

【学生】模型应用：运用建构的化学物质研究模型，课下自学 CO 的性质和用途。

【设计意图】

1.通过总结归纳，深化学生对物质研究的理解，构建化学物质研究模型，培养从感性到理性的科学方法和模型认知的学科素养。

2.开展可持续性评价，反馈学习效果。

教学实施过程中的反思及建议

1.给学生足够的思考时间和空间，基于学生已有知识基础，在设计中充分发掘学生的思维潜力。

2.给学生提供交流的平台。本节课实验素材丰富，可引导学生在交流讨论中自主设计实验，收集证据，得出相应结论，从而使学生系统地掌握二氧化碳的性质与用途。

3.搭建学生思维的阶梯。化学学科核心素养对证据推理和模型认知提出了要求，通过对 CO_2 的性质与用途的学习，可构建初中化学物质研究的一般模型，这有利于开展可持续的学习评价。

4.提供学生展示的平台，将学生思考、交流、讨论的成果通过说出来、写出来、画出来，将学习成果显性化，提高学生课堂的参与度。

你身边的化学
——金属材料

一、教学基本信息

课　　题：你身边的化学——金属材料

关 键 词：金属材料、生活化学

教　　材：人教版 2012 年版义务教育教科书《化学（九年级下册）》

二、教学内容分析

本节课是《化学》人教版九年级下册第八单元的课题 1 的内容。本课题包括金属的物理性质和合金的特性两部分内容。第一部分在展示人类对金属材料的发现与使用后，归纳总结了一些常见金属的特征与物理性质，并进一步阐述物质的性质与用途间的联系；第二部分主要介绍人类对金属材料的研究成果——合金。包括什么是合金、常见的合金及其性能、用途等。本节课为认识金属材料及金属材料在生产、生活和社会发展中的重要作用提供了丰富的学习资源。

三、教材素材分析

教材以生活中的金属材料为切入点，联系学生的生活经验，配合实物照片介绍了金属重要的物理性质，同时提供了一些常见金属的物理性质的数据，为使学生形成"物质的性质与用途相对应"的化学观念提供了依据，同时通过实验，让学生亲自体验合金与纯金属的性质差异，并结合查阅资料、数据分析，归纳得出"合金性能优异"的结论。最后教材以列表的形式展示了合金的广泛用途，文字介绍了新型金属材料——钛和钛合金，介绍了 21 世纪金属材料的发展趋势，拓展了学生的眼界，并使其感受到金属材料对人类生活和社会发展的贡献。本课题的编排由浅入深、由感性到理性，符合初中学生的认知规律。通过相关物理课的学习，学生对金属的物理性质已熟悉，对金属、金属材料的认识也有一定的提升。

四、整体设计思路（如表 1-6-1）

表 1-6-1 "金属材料"整体设计思路

教学环节	教学主要内容	能力与素养发展
环节一 创设情景 引入课题	1. 观看视频（神舟 13 号飞船发射成功升空），思考飞船是用什么材料做的 2. 家庭中有哪些金属制品？它们是用什么金属制成的？并推测该金属的物理性质	问题导思，激发学生的爱国热情；通过寻找生活中熟悉的物质，研究之后再推广到一类金属物质的研究
环节二 研究金属的物理性质	1. 通过列一列、做一做，认识常见金属铝、铁、铜三种金属的物理性质（导热性、导电性、金属光泽等） 2. 通过分析一些金属的物理性质并进行比较后，再想一想，讨论 4 个问题，认识不同金属的物理性质的差异性 3. 联系生活实际，认识物质的用途除了与物质的性质有关之外还与哪些因素有关	学生通过实验，收集证据，得出金属的物理性质，它们具有共性，也具有差异性的原因，从而培养学生认识并研究一类物质性质的一般思路；影响物质用途的因素是多方面的，因此在解决生活中的问题时需要多方面考虑，理论需要联系实际
环节三 研究合金及其特性	1. 通过观看视频，了解合金在生产生活中的应用，得出合金的概念 2. 通过学生应用金属相互刻划的方法和分析不同金属的熔点数据，得出合金的特性	让学生体会以实验和事实得出结论。使学生体会到，某些物质因其优良的性质所以应用更广泛
环节四 金属材料的发展前景	简介金属材料发展前景，介绍我国国之重器涉及的金属材料所起的重要作用	培养学生的爱国热情，并为祖国发展而努力奋斗

五、教学过程

环节一：创设情景 引入课题

【教师】新课引入：观看视频（神舟 13 号飞船发射成功），思考飞船是用什么材料做的。

【学生】（观看，思考）

【教师】问题 1：为什么要用金属材料呢？

【学生】小组内交流。

【教师】展示：研究物质性质的一般思路（如图1-6-1）。

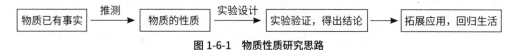

图1-6-1　物质性质研究思路

【教师】提问：这是研究一种物质性质的思路，研究一类物质又应当用怎样的思路呢？

【学生】（思考）

【教师】归纳方法：研究一类物质的常用方法是：从个别到一般。

【学生】研究有代表性的物质，将生活中熟悉的物质研究之后再推广到一类物质。

【设计意图】

1.问题导思，激发学生的爱国热情。

2.通过总结研究一类物质的思路及方法，拓展学生思维。

环节二：研究金属的物理性质

【教师】活动一：列一列。

家庭中有哪些金属制品？它们是用什么金属制成的？并推测该金属的物理性质。你知道的金属有哪些？家里使用了哪些金属制品，你推测它们的物理性质是什么呢？

【学生】回答。

【教师】过渡：下面让我们根据同学们的推测来设计实验，对金属的物理性质进行探究。

【教师】活动二：做一做。

设计实验：验证金属的导热性、导电性。

【学生】学生先设计实验方案并汇报，然后进行实验并及时记录现象，最后得出结论。

【教师】巡视学生实验，随时纠正学生的不规范操作。

【学生】汇报：实验现象及结论。

【教师】展示：细铁丝、铜丝、铝箔。

【教师】讲解：金属的延展性。

【学生】总结金属的物理性质（共性）：具有良好的导电性、导热性；具有良好的延展性；具有金属光泽。

差异性：（1）大多数金属具有银白色光泽，少数金属为其他颜色。如铜为紫红色，金为黄色。（2）常温下，大多数金属呈固态，但汞为液态。

【教师】活动三：想一想。

表 1-6-2　一些金属物理性质的比较

物理性质	物理性质比较						
导电性（以银的导电性为100作标准）	银 铜 金 铝 锌 铁 铅 ⟶ （优）100　99　74　61　27　17　7.9（良）						
密度 /（g/cm³）	金 铅 银 铜 铁 锌 铝 ⟶ （大）19.3　11.3　10.5　8.92　7.86　7.14　2.70（小）						
熔点 /℃	钨 铁 铜 金 印 铝 锡 ⟶ （高）3 410　1 535　1 083　1 064　962　660　232（低）						
硬度（以金刚石的硬度为10作标准）	铬 铁 银 铜 金 铝 铅 ⟶ （大）9　4~5　2.5~4　2.5~3　2.5~3　2~2.9　1.5（小）						

根据表 1-6-2 提供的信息，回答下列问题：

1. 为什么菜刀、镰刀、锤子等用铁制而不用铅制？

2. 银的导电性比铜好，为什么电线一般用铜制而不用银制？

3. 为什么灯泡里的灯丝用钨制而不用锡制？如果用锡制的话，可能会出现什么情况？

4. 为什么有的铁制品如水龙头等要镀铬？如果镀金怎么样？

【学生】回答：

1. 铁的硬度比铅大，且铅有毒。

2. 银的导电性虽然比铜好，但价格贵，密度大，架线的电线柱承受压力大。

3. 钨的熔点最高，锡的熔点较低；如果用锡，则灯丝易熔断。

4. 铬硬度大、耐磨、美观，又防锈；金的硬度小，如果镀金，成本会成倍增加且不耐用。

【教师】小结：性质决定用途，选择金属材料时，不仅要考虑性质，还要考虑价格、美观、安全性、稳定性等。通过实验探究得出金属有相似的物理性质，但不同金属也有差异性。展示：一些金属物理性质的数据。对教材上一些金属，进行物理性质的比较。

【设计意图】

1. 明确认识并研究物质性质的一般思路。

2. 培养学生辩证认识物质的特性的思维。

3. 影响物质用途的不仅仅是性质，还需要考虑价格高低、资源储量多少、使用是否便利、是否美观、是否容易加工、废料是否易于回收、对环境的影响等因素。因此在解决生活问题时需多方面考虑，理论联系实际。

环节三：研究合金及其特性

【教师】资料：火箭进入太空时的飞行速度达到每秒 8 公里以上，如此高速会使火箭外壳与大气摩擦产生上千度的高温。同时，火箭的发动机工作时还会喷出几千度的高温气流，这就使得火箭尾部要承受 4 000 摄氏度以上的高温。目前仅有的这些纯金属已经远远不能满足制作火箭外壳的需求。合金材料应运而生。

【学生】认识合金的重要性。

【教师】过渡：金属在日常生活中被广泛应用，可同学们知道吗，在生活和生产领域，应用最广泛的不是纯金属而是它们的合金。同学们知道是为什么吗？请看视频。

【学生】观看，思考，合金的广泛应用。

【教师】介绍：合金的概念。

合金是指一种金属与其他一种或几种金属（或非金属）熔合形成的有金属特性的混合物。

（1）合金的形成过程属于物理变化。

（2）合金中不一定只有金属，有的合金中可能含有非金属，如钢中含有碳。

【学生】看书勾画，分析合金概念的重点语句。

【教师】结合实验桌上提供的实物认识常见的合金：

①铁合金，生铁和钢的区别与联系；

②铝合金；

③黄铜；

④钛合金；记忆合金等。

【学生】动手触摸，感知合金与纯金属的不同。

【教师】认识合金的特性。

活动四：动一动。

①取两组金属片（纯铜片和黄铜片、纯铝片和硬铝片），以互相刻划的（如图1-6-2）方式比较它们的硬度（用">"或"<"表示）。

图 1-6-2　比较合金和纯金属的硬度

②讨论：

表1-6-3给出了金属铅、镉、铋、锡和焊锡（锡铅合金）、武德合金（铅、镉、铋、锡组成的合金）的熔点，比较一下数据，有什么启示？

表 1-6-3　部分金属和合金的熔点

	纯金属				合金	
	铅	镉	铋	锡	焊锡	武德合金
熔点 /℃	327	321	271	232	183	70
启示						

演示实验：比较焊锡和组成它的纯金属锡、铅的熔化温度（如图1-6-3）。

【学生】完成实验，填写表1-6-4。

表 1-6-4　合金和纯金属的性质比较

性质比较	现象			
	黄铜	铜	硬铝	铝
光泽和颜色				
硬度				
结论				

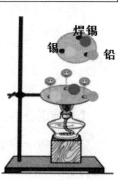

图 1-6-3　金属熔化温度比较实验装置图

得出结论：合金的硬度通常比金属大；

合金的熔点通常比其组分的熔点低。

【教师】合金还有其他特性：高强度、强磁场、耐腐蚀等特性。

【设计意图】

1. 培养学生收集信息的能力。

2. 培养学生观察实验的能力。

3. 根据实验和事实得出结论，使学生体会到优良的性质能使应用更广泛。

环节四：金属材料的发展前景

【教师】简介金属材料的发展前景，介绍我国国之重器涉及的金属材料的重要作用（如图 1-6-4）。

【学生】收集资料，整理交流。

【设计意图】

激发学生的爱国热情，使其为祖国的发展努力奋斗。

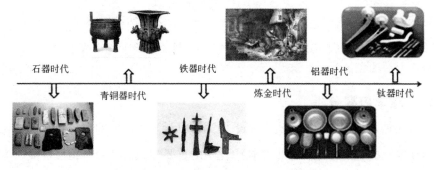

石器时代　　　　　　铁器时代　　　　　　铝器时代

青铜器时代　　　　　炼金时代　　　　　　钛器时代

图 1-6-4　我国各时代的金属制品

教学实施过程中的反思及建议

本节课以生活中的金属材料为切入点，联系学生的生活经验，配合实物让学生自主探究解决金属材料。学生明确探究目的并设计方案，并通过交流、实验、设计、辩论等方式，得出区分常见的金属和非金属的方法，并厘清金属物理性质与用途的关系。由神舟 13 号飞船成功发射，自然过渡到探究合金的相关知识，进而迁移到设计火箭外壳材料的物理指标。这样创设的教学环节生动、真实且可行，符合学生的认知规律和探究性学习的要求。

关于物质的"脾气"教学设计

——金属的化学性质

一、教学基本信息

课　　题：关于物质的"脾气"教学设计——金属的化学性质

关 键 词：金属的化学性质、金属性质递变、金属活动性顺序

教　　材：人教版 2012 年版义务教育教科书《化学（九年级下册）》

二、教学内容分析

本节课是人教版《化学》九年级下册第 8 单元第 2 课题的内容，金属的化学性质是第 8 单元的重点和难点，也是初中化学的重要知识点。对于物质性质，本节课在原有知识的基础上，对金属与氧气、酸和盐的反应进行系统的学习，使元素和化合物的知识更加完整；对于其他理论知识，既要明确金属的活动性顺序，又要了解置换反应这一基本反应类型，还要用金属活动性顺序解释日常相关现象。教师进行这部分内容的教学时，要重视学生发展所必需的化学基础知识和基本技能，并以基础知识为载体，发展学生化学核心素养。通过金属活动性顺序的应用，培养学生运用化学知识和科学方法分析并解决问题的能力。同时，本节课起承上启下的作用，学好本节课，可为系统学习酸碱盐知识打下良好的知识与方法基础。这是一节不可或缺的、理论联系实际的化学实践课。

三、教材素材分析

教材通过镁、铝、铁、铜与氧气的反应情况和"真金不怕火炼"来说明不同金属与氧气反应的难易和剧烈程度能够反映金属的活泼程度；通过实验探究金属镁、锌、铁、铜与盐酸（或硫酸）反应的情况，认识金属的活动性，归纳总结金属化

性质的共性和差异性。通过比较不同金属与盐酸（或硫酸）反应的剧烈程度来粗略比较金属的活动性。还可通过铁和硫酸铜溶液反应，有红色物质析出这一现象，即铁能将铜从硫酸铜溶液中置换出来，说明铁的金属活动性比铜强，这也是判断金属活动性强弱的依据之一。教材通过设计"将铝丝插入硫酸铜溶液中""将铜丝插入硝酸银溶液中""将铜丝插入硫酸铝溶液中"三组对比实验，通过观察现象，分析比较铝、铜、银三种金属的活动性强弱。通过大量实验，得出金属活动性顺序表。金属活动性顺序表可作为判断金属能否在（酸或盐）溶液中发生置换反应的依据。

通过金属与酸反应、金属与盐溶液反应、金属活动性顺序等探究活动，让学生体验提出问题、制订计划（控制实验条件、对比实验）、进行实验、收集证据（观察、描述、记录）、得出结论的科学探究过程。通过比较、归纳等方法，让学生逐步掌握学习一类物质的化学性质的一般方法；培养学生运用现象与本质、共性与个性的思维方法认识客观事物的能力。

四、整体设计思路（如表 1-7-1）

表 1-7-1   "金属的化学性质"整体设计思路

教学环节	教学主要内容	能力与素养发展
环节一 创设情景 引入课题	1. 通过观看《黄金大诈骗》视频，引入课题 2. 七位同学表演故事：金属争冠军	问题导思，通过角色扮演，激发学生的学习兴趣和求知欲，使学生初步了解不同金属的活动性不同
环节二 实验探究 获取证据	1. 通过阅读史实资料（一）和（二），发现金属能与酸反应 2. 学生利用镁、锌、铁和铜分别与稀盐酸或稀硫酸进行实验探究，观察现象，获取证据，进行推理 3. 通过阅读史实资料（三），发现金属还能与金属化合物溶液发生反应 4. 学生设计实验方案证明金属活动性：Cu > Ag；Al > Cu，根据现象来证明结论	学生选择多种金属进行实验探究，寻找金属与酸（或金属化合物溶液）发生反应的共性并认识差异性，培养操作技能；学生在观察与讨论中发现问题、提出问题、解决问题，从中培养科学的观察、规范表达和综合分析问题的能力
环节三 得出规律 拓展探究	1. 通过阅读史实资料（四），认识金属活动性的本质，得出金属活动顺序表，并认识金属活动顺序表的应用 2. 运用金属活动性顺序可以帮助我们解释日常生活有关的化学问题，例如，如何鉴别真假黄金等	让学生体会透过现象看本质，形成结构决定性质，性质决定用途的观念。通过设置生活中真假黄金的鉴别问题，让学生体会所学知识的价值，加深学生对金属活动性顺序表的理解，提高学生应用知识的能力

五、教学过程

环节一：创设情景 引入课题

【教师】播放视频《黄金诈骗案》。

【学生】观看视频，思考，引入课题。

【教师】假黄金多为黄铜（即铜锌合金），现在生活中这么多的人上当受骗，除了售假者一味追逐利润，最大的问题在于人们对"真假黄金"无法辩识。让我们今天一起走进金属世界，认识并探究金属的化学性质，相信我们能够解决生活中的相关问题。

欢迎七位同学为大家带来精彩的表演，并要求其他同学在观看表演的同时完成学案上相应的内容。

【学生】七位同学表演故事：金属争冠军。（附内容）

金：我是金，我是财富的象征，大家都非常喜欢我，冠军非我莫属。

铜：我是劳动人民使用最早的一种金属，在历史上都有以我命名的"青铜器时代"。冠军应该是我的。

铁：我虽没有铜早，但我却是世界上使用最广泛的金属，你看当今的哪座高楼大厦里没有我呀？冠军是我的！

镁和铝：大家好，我们是镁、铝组合。我们合金密度小，交通运输工具上都有我们的身影。我们的功劳最大，冠军属于我们！

谁才是真正的冠军呢？

氧气登场：分别与金、铜、铁、镁、铝接触，同学们根据难易程度来评判冠军、亚军和季军。

其余同学观看表演，观察实验，完成学案，讨论得出金属活动性 Mg、Al > Fe、Cu > Au 这一结论，初步了解到不同金属，活动性不同。

【教师】在学生得出结论后板书：不同金属的活动性不同 Mg、Al > Fe、Cu > Au；

引入新课并板书：课题 2 金属的化学性质。

【设计意图】

通过角色扮演，激发学生的学习兴趣和求知欲，使学生初步了解"不同金属，活动性不同"。

环节二：实验探究

（一）金属与酸反应

【教师】提出问题：金属除了能与氧气反应之外，还能与哪些物质反应呢？

【学生】通过回忆旧知识，总结出铁丝能与硫酸铜溶液反应，镁条能与稀盐酸反应，并根据实验事实猜想金属能与酸反应，也能与其他金属的化合物溶液反应。

【教师】金属与氧气反应的难易和剧烈程度可作为判断金属活动性强弱的标准，还有没有其他的判断依据呢？还能提出哪些猜想呢？

【学生】在原有知识的基础上提出猜想，可能会提出以下猜想：

1. 金属与酸反应的剧烈程度可以作为判断依据；

2. 某种金属与其他金属的化合物溶液能否反应可作为依据。

【教师】资料一：1625 年，德国化学家格劳贝尔意外发现，将金属放入酸中会"消失"，这个发现让格劳贝尔有了很多想法。同学们，你们有什么想法呢？

【学生】实验：在教师的指导下选用锌和稀盐酸进行实验，重视历史画面。

【教师】针对锌和稀盐酸的反应设计以下问题，引导学生像科学家一样观察、猜想、验证。

问题 1：锌与稀盐酸反应有无新物质生成？（观察）

问题 2：这是什么物质？（猜想）

问题 3：如何进行气体检验？（验证）

【学生】1. 有气泡产生；

2. 可能是氢气；

3. 将收集有该气体的试管靠近酒精灯火焰上方，听到尖锐的爆鸣声，则该气体为氢气。

【教师】资料二：由于当时人们普遍认为世界上只有一种气体——空气，所以格劳贝尔并不认为发生了化学反应。1766 年，英国化学家卡文迪许用 6 种金属和酸反应并发现产生的气体具有可燃性，燃烧后会产生水，当时认为是燃素。1782 年，拉瓦锡重复卡文迪许的实验，并在 1787 年把这种产生的气体命名为氢气，意喻"会制造水的物质"。人们对金属和稀酸反应的认识才逐渐完善。

【学生】了解金属和酸反应可以产生氢气。

【教师】提问：是否所有金属都能与酸溶液反应？

活动一：在酸溶液中加入金属

1.将等浓度的稀盐酸、稀硫酸分别加入到装有镁带、铁片和铜片（各三片）的试管至同一高度（等体积的酸），塞上塞子。在表1–7–2中记录现象，片刻后，检验该气体。

表1-7-2　金属与酸反应实验记录表1

		镁带	铁片	铜片
实验现象	稀盐酸			
	稀硫酸			
金属活性		_____>_____>_____		

【学生】镁快速产生大量气泡，反应很剧烈；铁表面有少量气泡，反应较缓慢；Cu与HCl、H_2SO_4溶液不反应。结论：不是所有金属都能与酸溶液反应；金属活动性：Mg>Fe>Cu。

【教师】2.将等浓度的稀盐酸、稀硫酸分别加入到装有锌片和铜片（各三片）的试管至同一高度（等体积的酸），塞上塞子。在表1–7–3中记录现象，并写出能发生反应的化学方程式。

表1-7-3　金属与酸反应实验记录表2

		锌片	铜片
实验现象	稀盐酸		
	稀硫酸		
金属活性		_____>_____	
发生反应的化学方程式			

【学生】不是所有金属都能与酸溶液反应，金属活动性：Zn > Cu

$$Mg+2HCl=MgCl_2+H_2\uparrow \qquad Mg+H_2SO_4=MgSO_4+H_2\uparrow$$

【教师】观察化学方程式，讨论：请大家从反应物和生成物的物质类别如单质、化合物的角度分析，这些反应有什么共同的特点？它与化合反应和分解反应的特点是否相同？

【学生】（思考）回答：这些反应（置换反应）的共同特点是：都是一种单质和一种化合物反应，生成另一种单质和另一种化合物。其特点不同于化合反应和分解反应。

【教师】分析现象，得出结论。

【学生】金属＋酸→盐＋氢气，但不是所有金属都能与酸发生反应，生成氢气。能与酸发生反应，由于金属最外层电子数不同，因而在与酸反应时，产生气泡的速率也不一样。

（二）金属与金属化合物溶液反应

【教师】思考：如何比较铜、银的活动性强弱？

方案一：将铜、银分别放入稀盐酸或稀硫酸中，观察现象。

【学生】都无明显现象，无法比较二者的金属活动性强弱。

【教师】资料三：湿法冶金

西汉《淮南万毕术》中有"曾青得铁，则化为铜"；东汉《神农本草经》中有"石胆能化铁为铜"；

北宋著名湿法炼铜家——张潜，著书《浸铜要略》。把铁浸入硫酸铜溶液，使其产生化学反应，将铜析出。

实验：将铁片浸入硫酸溶液中，观察现象。在表 1-7-4 中书写化学方程式：

表 1-7-4　检测铁和铜的活动性

	将铁片浸入硫酸铜溶液中	将铜片浸入硫酸亚铁溶液中
实验现象		
金属活动性	＿＿＿＞＿＿＿	
发生反应的化学方程式		

【学生】实验现象：铁表面有红色物质析出，溶液颜色由蓝色变为浅绿色。结论：金属活动性：Fe ＞ Cu。化学方程式：$Fe+CuSO_4=FeSO_4+Cu$。

【教师】方案二：将铜丝插入硝酸银溶液中，观察现象。在表 1-7-5 中书写化学方程式：

表 1-7-5　检测铜和银的活动性

	将＿＿浸入＿＿溶液中	将＿＿浸入＿＿溶液中
实验现象		
金属活动性	＿＿＿＞＿＿＿	
发生反应的化学方程式		

【学生】实验现象：铜丝表面有银白色物质析出，溶液颜色由无色变为蓝色。

结论：金属活动性：$Cu > Ag$。化学方程式：$Cu+2AgNO_3=Cu(NO_3)_2+2Ag$。

【教师】提问：还有没有类似的例子？

【学生】如将铝丝插入硫酸铜溶液中，观察现象。

【教师】你能得出什么结论？

【学生】活泼性强的金属能把不活泼的金属从它们化合物的溶液里置换出来。

【教师】过渡：经过许多类似上述实验的探究，人们认真地进行分析，去伪存真、由表及里，归纳总结了常见金属在溶液中的活动性顺序。

【设计意图】

1. 根据旧知进行猜想，提出欲探究的问题，培养学生的问题意识。

2. 和学生一起在教学资源库中搜寻前人的研究成果，再现历史上对相关反应的认识和发展。

3. 感受科学家曲折的探索过程，完成对金属的个性的认识。

4. 选择多种金属实验，寻找共性并认识差异性。

5. 让学生在观察与讨论中发现问题、提出问题、解决问题，培养操作技能，培养科学观察、规范表达和综合分析问题的能力。

6. 通过反应现象判断产物并能书写化学方程式，培养学生书写化学方程式的能力。

7. 培养学生分析问题的能力和实事求是的科学态度，让学生在交流中相互启发，相互激励，发展和完善自我。

8. 启发学生思维，引导深度学习。

9. 尝试运用新学知识解决问题。

10. 选择多种金属实验，寻找共性并推导递变性。

11. 培养学生的归纳能力。

环节三：得出规律 拓展探究

【教师】资料四：1865年，贝开托夫在实验的基础上确定了金属活动性顺序（如图 1-7-1）。贝开托夫当时区分金属的活泼与不活泼，是以氢作为标准的。因为氢可以被位于它前面的金属从稀酸里置换出来，而氢后面的金属不能从酸中置换出氢。

K Ca Na Mg Al Zn Fe Sn Pb （H） Cu Hg Ag Pt Au

强————————————————————————弱

图 1-7-1 金属活动性顺序

【学生】分析资料。

【教师】讲解金属活动性顺序表，引导学生小结。根据金属活动性顺序表，能获得哪些信息呢？

【学生】在金属活动顺序表中：

1. 金属的位置越靠前，它的活动性就越强；

2. 位于氢前面的金属能置换出稀盐酸、稀硫酸中的氢；

3. 当某种金属和其他金属化合物的溶液混合时，位于前面的金属能将后面的金属置换出来。

【教师】思考：

究其本质：　　　　　共性的微观原因：　　　　差异性的微观原因：

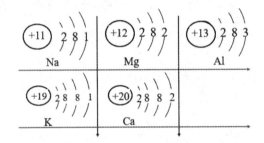

图 1-7-2　金属原子电子层结构图

【学生】金属原子都易失去最外层的电子，且失去能力不同（如图 1-7-2）。

【教师】金属活动性顺序可帮助我们解释一些与日常生活有关的化学问题。

1.（视频）一些不法商贩常常鱼目混珠，以黄铜冒充黄金进行售卖。黄铜（铜、锌合金）从颜色、外形看，与黄金极为相似，难以区分。请设计实验方案鉴别真假黄金。

【学生】设计方案并交流讨论。学生设计的方案可能有：

①将样品放入稀盐酸中；②将样品放入稀硫酸中；③将样品放入硫酸铜溶液中；④将样品放入硝酸银溶液中；⑤将样品放在火上灼烧；⑥用嘴咬，试硬度。

【教师】2. 分类回收实验后的废液，利用废液和生活中收集的其他金属，比较金属活动性强弱，完成实验探究报告。下节课分组汇报。

【学生】（课后作业）

【设计意图】

1. 让学生体会透过现象看本质，形成结构决定性质，性质决定用途的观念。

2. 设置拓展性问题，使学生体会所学知识的价值，加深学生对金属活动性顺序表的理解，提高学生应用知识的能力。

3. 通过任务让学生进一步运用金属活动性顺序表，体现新知识的价值。

教学实施过程中的反思及建议

本课题中，让学生通过角色扮演，激发学生的学习兴趣和求知欲，使学生初步了解不同金属活动性不同。如何判断不同金属的活动性强弱，通过让学生进行小组讨论，经历猜想、验证、分析、归纳小结等过程，引导学生开动脑筋，敢于提出自己的见解和方法，从而初步掌握科学探究的方法和思维方法。同时培养了学生的实验能力、观察能力、实事求是的科学态度以及创新精神。课堂中学生通过选择多种金属进行实验，寻找金属的共性并推导递变性。进而验证金属活动性顺序表，并利用该表来解决生活中的实际问题，让学生体会所学知识的价值，提高学生应用知识的能力。

关于液态物质理解的教学设计
——溶液的形成

一、教学基本信息

课　　题：关于液态物质理解的教学设计——溶液的形成

关 键 词：溶液、混合物

教　　材：人教版 2012 年版义务教育教科书《化学（九年级下册）》

二、教学内容分析

本节课是人教版《化学》九年级下册第九单元课题 1 的内容，是初中化学研究混合物体系的主要部分，是学生后期学习酸碱盐知识的基础。本节主要介绍溶液的初步知识，包括概念、特征、组成、影响因素、应用等，为溶解度、溶质质量分数和酸碱盐知识的学习打下基础。因而本节课有承上启下的作用。

另外，为探究"影响溶质在溶剂中溶解能力的因素"这一问题，教材设计了实验探究环节，它将成为培养学生"针对目标进行实验设计"能力的有力载体。这部分教学内容要求知识与能力并举，科学素养与日常感知充分结合，它是教学设计着力点之一。

三、教材素材分析

本节课的教学任务是让学生对溶液进行初步认识，要求学生知道溶液由溶质和溶剂组成，从宏观上认识溶液的特征；从微观上认识溶液是溶质以分子或离子的形式分散到溶剂中，形成均一、稳定的混合物。知道水是最重要的溶剂，酒精、汽油等也是常见的溶剂；能说出一些常见的乳化现象，了解溶液在生产、生活中的重要意义。教材还注重渗透学以致用的理念，通过大量图片和表格介绍生活中常见的溶液，重点培养学生将科学知识联系生活实际的能力。

四、整体设计思路（如表 1-8-1）

表 1-8-1 "溶液的形成"整体设计思路

教学环节	教学主要内容	能力与素养发展
环节一 创设情景 引入概念	通过"清水"变"牛奶"实验引入课题	通过趣味实验引入新课，吸引学生的注意力，调动学生的思维
环节二 实验探究 形成概念	1.利用常见物质，进行溶解实验，明确溶液的特征 2.掌握溶液的概念 3.认识溶液的命名规则	学生通过动手实验，认真观察溶解的现象，溶液的形成过程，有利于学生自主构建溶液的概念
环节三 探究溶解 影响因素	认识常见的三种消毒剂的成分，结合实验，证明同种溶质在不同的溶剂里溶解能力不同；不种溶质在同种溶剂中溶解能力不同	学生通过动手做对比实验，收集证据，辩证得出结论，培养学生的科学探究能力
环节四 探究乳浊 液及乳化	结合生活中洗餐具滴加洗涤剂清洗的事实，认识乳浊液和乳化现象，并联系生产生活，认识溶液的用途	让学生体会化学就在我们身边，培养学生从化学的视角认识世界，激发学习兴趣
环节五 探究溶解 能量变化	利用仪器和硝酸铵固体、氢氧化钠固体、氯化钠固体和水，设计实验方案，探究它们溶解时的吸热或放热现象	借助实验手段来证明物质溶解于水能量的变化，以此培养学生的科学思维能力

五、教学过程

环节一：创设情景 引入概念

【教师】"清水"变"牛奶"：向装有一定量的无色液体的试管中吹气，观察现象。此液体到底是什么物质？"澄清石灰水"其实就是氢氧化钙溶于水后形成的一种溶液。什么是溶液，溶液又是怎样形成的呢？

【学生】观察：无色液体变浑浊。思考回答：澄清石灰水。

【设计意图】

通过利用趣味实验引入新课，吸引学生的注意力，调动学生思维。

环节二：实验探究 形成概念

【教师】活动一：请利用实验桌上的药品：食盐、蔗糖、酒精、食用油、泥沙以及水，进行实验。提示：

1. 注意观察能否形成溶液。

2. 取用药品少量，水足量。

3. 可用玻璃棒进行搅拌，加快溶解速率。

【学生】进行实验，并记录实验现象（如表 1-8-2）：

表 1-8-2　溶解情况实验现象汇总

物质	食盐	蔗糖	酒精	食用油	泥沙
溶解情况					

【教师】总结：1. 形成溶液的前提：首先物质要可以溶解才行。

【学生】相互交流，前三种物质和水混合形成了溶液，而食用油浮在水面，泥沙沉入杯底。

【教师】请你现在试试把食盐和糖一起放入水中，看是否能形成溶液。

【学生】（实验）回答：也形成了溶液。

【教师】总结：这些溶液都是由一种或者几种物质分散到另一种物质里，形成的物质。

【教师】用激光笔从烧杯一侧射向溶液，让同学们观察光线是否沿直线传播。生活中，用筷子蘸取少量的糖水就可以感知整杯水的甜味。它们都说明什么？

【学生】光沿直线传播，说明溶液具有均一性。

【教师】展示一瓶配制时间长的氯化钠溶液，让同学们观察食盐和水是否发生了分离。当外界条件不发生变化的时候，比如温度、水的量以及外界气压都不变的时候，被溶解的物质不会从溶剂里分离出来，我们把这种特点叫作稳定性。

【学生】没有发生分离，说明溶液具有稳定性。

【教师】我们不难发现所有溶液都是由两种或者两种以上的物质混合而成的，所以溶液一定属于混合物。2. 溶液的概念：溶液是一种或几种物质分散在另一种物质中形成均一、稳定的混合物。

【学生】（倾听、思考、认同溶液概念）

【教师】其中被溶解的物质叫作溶质，像这个实验里边的食盐、蔗糖、酒精这些都是溶质，而能溶解其他物质的物质则被称为溶剂。

【学生】认识溶质、溶剂的概念。

【教师】3.溶液的命名：实验中我们用水作溶剂形成的溶液该怎样命名呢？氯化钠溶于水中形成的溶液，我们称之为氯化钠的水溶液，蔗糖溶于水中形成的溶液，我们叫作蔗糖的水溶液。

【学生】（倾听，理解）

【教师】溶液的命名方法就是溶质的名称，加上溶剂的名称（溶质的溶剂溶液），即溶质在前，溶剂在后。运用规则判断下列溶液中的溶质和溶剂。

【学生】动笔填写表 1-8-3，小组交流。

表 1-8-3　溶液的命名

溶液	溶质	溶剂	命名
氯化钠溶液			
蔗糖溶液			
酒精溶液			
盐酸（氯化氢溶液）			
石灰水（氢氧化钙溶液）			
碘酒			

【教师】小结：

上述氯化钠溶液、酒精溶液和稀盐酸，三种溶液中的溶剂均是水，溶质可以是固体、液体和气体；

酒精也可以作为溶剂，比如：碘酒溶液中，酒精就作为溶剂。所以生活中除去衣服上的油渍还可以用少量汽油来除去。

【教师】如何判断化学反应后所得溶液中的溶质？

我们以锌和稀硫酸反应为例，首先写出化学方程式。

【学生】写出锌和稀硫酸反应的化学方程式：$Zn+H_2SO_4=ZnSO_4+H_2\uparrow$

【教师】什么是恰好完全反应？初中阶段我们认为是反应物没有剩余了。在这个反应中只有生成物硫酸锌和氢气，氢气难溶于水，溶质就是硫酸锌；如果稀硫酸过量，锌就会被完全消耗，此时所得溶液中，溶质就为硫酸锌和硫酸；如果锌过量，硫酸就完全反应，锌难溶于水，此时所得溶液中溶质为硫酸锌（如表 1-8-4）。

表 1-8-4 锌与稀硫酸反应程度表

反应程度	反应物是否有剩余	溶质
恰好完全反应	二者无剩余	$ZnSO_4$
稀硫酸过量	H_2SO_4 有剩余, 锌反应完	$ZnSO_4$ H_2SO_4
锌过量	锌有剩余, 硫酸反应完	$ZnSO_4$

【教师】4.从微观角度认识溶液形成

请大家观看视频：食盐和蔗糖分别溶解于水中形成溶液。其本质都是构成物质的微粒在不断地运动。

【学生】观看视频。氯化钠在溶液中以钠离子和氯离子的形式存在；蔗糖在溶液中以蔗糖分子的形式存在。

【设计意图】

1.让学生通过动手实验，观察溶解的现象，溶液的形成过程，有利于学生自主构建溶液的概念。

2.掌握溶液的概念。

3.认识溶液的均一性。

4.认识溶液的稳定性。

5.让学生能够根据溶液的名称判断溶质、溶剂。

6.认识溶质和溶剂存在多样性。

7.联系具体的化学反应，通过对反应程度进行探讨，得出所得溶液中溶质的判断方法，为课题 3 中根据化学方程式计算后，所得溶液中溶质质量分数的计算打下基础。

8.从微观视角认识溶液的特性。

环节三：探究溶解的影响因素

【教师】过渡：生活中不小心手指被划破了，在家里用消毒剂进行消毒杀菌。

展示三种消毒剂。碘酒是碘溶于酒精还是溶于水形成的呢？

请看实验：将 1~2 粒碘分别加入 5mL 酒精和 5mL 的水。

这两个实验，都能形成溶液吗？溶质、溶剂分别是什么？根据这个实验你能得出什么结论呢？只有水才能作溶剂吗？

【学生】做实验，观察现象，得出结论。同种溶质在不同的溶剂里的溶解能力不同。酒精也可以作溶剂。

【教师】看，另一种消毒剂——高锰酸钾，它是否溶于水呢？取 1 支试管加入 1~2 粒高锰酸钾，再加入 5mL 水；观察现象。与碘加入 5mL 水比较现象，得出结论。

【学生】做实验，观察现象，得出结论：不种溶质在同种溶剂中的溶解能力不同。

【教师】第三种消毒剂——酒精，它是溶液吗，是怎么形成的呢？

【学生】进行讨论，设计方案。

【教师】提示：加酒精时要沿试管壁慢慢流入，在此过程中不要振荡试管。

【学生】学生操作，观察描述现象。

【教师】此溶液中，溶质、溶剂分别是什么？

【学生】溶质是酒精，溶剂是水。

【设计意图】

1. 做对比实验。

2. 培养学生对比、归纳能力。

3. 培养学生的科学探究能力。

环节四：探究乳化现象

【教师】过渡：生活中，我们清洗餐具时，往往要加洗涤剂，其原理是什么？下面请同学另取一只试管加入 4~5 滴植物油和 5mL 水，观察现象；再加入 4~5 滴洗涤剂；再观察现象。现象一样吗？为什么？这时形成的混合物是溶液吗？

【学生】动手操作，观察现象，作好记录。阅读教材并讨论。

【教师】小结：大家观察到了乳浊液和乳化现象。生活中还有哪些乳化现象呢？

【学生】举例说明。

【教师】演示：在植物油里加入汽油（原理一样吗？）。

【学生】植物油溶解在汽油里。

【教师】展示生活中常见的溶液，了解溶液的广泛用途，引导学生举例说出生活中的溶液。

【学生】积极地从实验室、医疗、生活中举例。

【设计意图】

1. 培养学生查阅资料获取信息的能力，得出乳浊液与溶液区分方法。

2. 让学生体验化学就在身边。

3. 区分乳化和溶解。

环节五：探究溶解能量变化

【教师】分别将等量硝酸铵和氢氧化钠固体加入装有等量水的烧杯中，用玻璃棒不断搅拌，固体溶解完之后用手触摸烧杯外壁。

【学生】进行实验，收集证据，得出结论。硝酸铵固体溶解，烧杯外壁温度降低，说明硝酸铵固体溶解于水在吸收热量。氢氧化钠固体溶解，烧杯外壁温度升高，说明氢氧化钠固体溶解于水在放出热量。

【教师】除了用手触摸烧杯外壁来感知二者溶解于水的能量变化，还有没有其他方法呢？你能够设计实验来证明某种物质溶解时是吸热还是放热吗？提供试管、烧杯、玻璃棒、温度计等仪器，氯化钠、硝酸铵、氢氧化钠等固体药品，请你设计实验方案，探究这些固体在溶解于水时，是放出热量还是吸收热量。

【学生】小组讨论交流，设计方案。

方案一（如图 1-8-1）：

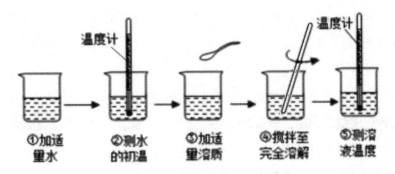

图 1-8-1　方案一实验装置图

方案二（如图 1-8-2）：

图 1-8-2　方案二实验装置图

方案三（如图 1-8-3）：

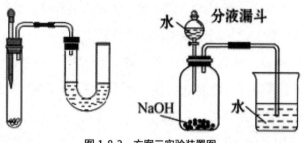

图 1-8-3 方案三实验装置图

【教师】通过实验，我们可以了解到氢氧化钠溶于水时放热，溶液温度会升高；硝酸铵溶于水时是吸收热量的，溶液的温度会降低，而氯化钠溶解过程中，温度没有明显的变化。我们可根据不同的需求，选择不同的装置和方法进行实验。

【教师】同学们，今天我们讨论了如何通过实验手段来探究物质溶解过程中的温度变化。在实验过程中也了解到了氢氧化钠溶于水放热，硝酸铵溶于水吸热。利用这些方法和知识，不仅能够解释一些现象，还能够帮助我们进行物质的鉴别。

【设计意图】

1. 培养学生的动手能力。

2. 借助实验手段来揭示物质溶解于水能量的变化。借助一定的实验装置将不明显的变化转化成明显变化，感知其能量的变化。培养学生的科学思维能力。

3. 培养学生的知识迁移、分析问题、解决问题的能力。

教学实施过程中的反思及建议

本节课通过"清水"变"牛奶"的小实验引入课题，利用生活中常见的几种物质，让学生动手实验，感受溶解的现象，溶液的形成过程，自主构建溶液的概念。

通过认识常见的三种消毒剂（碘酒、高锰酸钾消毒液和消毒酒精）的成分，结合实验，证明同种溶质在不同溶剂中的溶解能力不同；不种溶质在同种溶剂中的溶解能力不同。联系家庭生活中洗餐具滴加洗涤剂的事实认识乳浊液和乳化现象；通过实验观察溶液形成时的吸热和放热现象，分析吸热和放热原因，最后引导学生设计实验，探究溶液的吸热和放热现象。整个教学思路严密清晰，学生自主参与面广泛，创新点较多。

但由于活动设计过多，导致时间分配不合理，今后需改进。

基于构建物质认知模型的教学设计
——常见的碱

一、教学基本信息

课　　题：基于构建物质认知模型的教学设计——常见的碱

关 键 词：物质性质、探究方法、变化规律

教　　材：人教版 2012 年版义务教育教科书《化学（九年级下册）》

二、教学内容分析

本单元有两个课题，课题1引入生活中常见的酸和碱，引导学生运用实验，科学探究几种常见酸和碱的性质及用途，从而发现酸和碱两类物质具有相似性质的原因。课题2在课题1的基础上，进一步介绍酸和碱发生的化学反应——中和反应，并了解该反应在生活中的应用。

此教学设计为本单元课题1"常见的酸和碱"中几种常见的碱的内容，联系生活实际，从日常生活或平时实验中的常见物质入手，通过实验来探究碱的通性。

三、教材素材分析

本节课归类为物质探究类课型。受常见的酸学习方法的启发，通过实验探究、讨论分析等方式，由个体性质推导出碱这类物质的化学通性，并了解化学性质相似的原因，让学生进一步体会结构和性质的关系，为后面学习酸碱中和反应打下基础。培养学生的探究精神和实践能力，使学生掌握科学探究的方法，因此学好本节课具有非常重要的意义。

四、整体设计思路（如表 1-9-1）

表 1-9-1 "常见的碱"整体设计思路

教学环节	教学主要内容	能力与素养发展
环节一 课题引入	用几种学生接触过或听说过的碱引入课题	让学生感知到生活中处处有化学
环节二 氢氧化钠和氢氧化钙的对比探究	通过实验探究，对氢氧化钠和氢氧化钙的物理性质、化学性质、用途进行学习	在探究过程中进行对比和分析，从中发现异同。在实验中感受到实践的乐趣，从而培养良好的科学态度
环节三 碱的通性	从氢氧化钠及其化学性质中发现碱的通性	培养学生归纳总结的能力，体会物质性质探究的思路和方法
环节四 酸和碱的定义	发现碱性物质化学性质相似的原因，从而获得碱的定义	进一步了解结构决定性质以及物质的变化规律，进而培养学生举一反三的能力

五、教学过程

环节一：课题引入

【教师】上一节课，我们学习了几种常见的酸的化学通性、特性及主要用途，今天我们将学习"常见的碱"，其实，我们已经和碱打过交道了。分子运动实验中的浓氨水，检验二氧化碳的澄清石灰水，溶解时放热氢氧化钠，它们都属于碱，大家能不能快速地写出它们的化学式呢？

【学生】书写氨水、氢氧化钠和氢氧化钙的化学式。

【教师】在学习酸的时候，我们选取了稀盐酸和稀硫酸作为代表进行探究，现在我们将选取氢氧化钠和氢氧化钙作为碱的代表来学习碱的知识。

【设计意图】

1. 增加熟悉感。

2. 在书写化学式的过程中，提示同学寻找规律。

环节二：氢氧化钠和氢氧化钙的对比探究

【教师】现在我们根据下面的表格来探究氢氧化钙和氢氧化钠的性质。

【教师】活动一：阅读教材第 55—56 页，填写表格（如表 1-9-2）中第 1，2，3 行内容。

表 1-9-2　常见碱的知识归纳表 1

	氢氧化钠	氢氧化钙
俗称		
化学式		
用途		
物理性质		
腐蚀性		
与酸碱指示剂作用		
露置在空气中的变化		

【学生】阅读教材，完成表格第 1，2，3 行内容（如表 1-9-3）。

表 1-9-3　常见碱的知识归纳表 2

	氢氧化钠	氢氧化钙
俗称	苛性钠、火碱、烧碱	熟石灰、消石灰
化学式	NaOH	$Ca(OH)_2$
用途	化工原料、炉具清洁剂、肥皂、石油、造纸、纺织和印染	建筑材料、保护树木、制农药、改良酸性土壤
物理性质		
腐蚀性		
与酸碱指示剂作用		
露置在空气中的变化		

【教师】活动二：取出氢氧化钠和氢氧化钙分别放在表面皿上，请同学们观察它们的颜色、状态。

【学生】回答：都是白色固体。

【教师】再取出氢氧化钠和氢氧化钙分别放入装有等量水的试管中，振荡后请同学们观察现象，然后请一位同学来触摸试管外壁，告诉大家感受。

【学生】回答：氢氧化钠全部溶于水中，触摸试管外壁发烫，而氢氧化钙几乎没有溶解，试管外壁也几乎没有温度变化。

【教师】同学们观察得很仔细！氢氧化钠的确易溶于水，并且溶于水的过程中放出大量的热，这和第九单元学习的内容相吻合。而氢氧化钙是微溶于水的。现在请大家再次观察刚才表面皿上的氢氧化钠和氢氧化钙的变化情况。

【学生】回答：氢氧化钠表面变得潮湿，而氢氧化钙没有明显变化。

【教师】是的，教材中对氢氧化钠的变化有着相关描述，请大家找到相应的地方，勾画下来。由此我们可知，氢氧化钠的用途又多了一个，是什么呢？

【学生】回答：气体干燥剂。

【教师】现在请同学们将刚才观察到的氢氧化钠和氢氧化钙的物理性质填写到表格的相应位置。

【学生】完成表格（如表1-9-4）中"物理性质"的相关内容。

表1-9-4　常见碱的知识归纳表3

	氢氧化钠	氢氧化钙
俗称	苛性钠、火碱、烧碱	熟石灰、消石灰
化学式	NaOH	$Ca(OH)_2$
用途	气体干燥剂、化工原料、炉具清洁剂、肥皂、石油、造纸和纺织和印染	建筑材料、保护树木、制农药、改良酸性土壤
物理性质	白色固体、易溶于水、溶于水放热	白色固体、微溶于水
腐蚀性		
与酸碱指示剂作用		
露置在空气中的变化		

【教师】活动三：现在我们来探究它们的化学性质。展示：这是老师在课前准备的两只洗净的鸡爪，我将它们分别放入了相同浓度的氢氧化钠溶液和氢氧化钙溶液中，已经半个小时了，请观察两只鸡爪的变化情况。

【学生】回答：氢氧化钠溶液中的鸡爪腐蚀情况比氢氧化钙溶液中的鸡爪严重。

【教师】提问：为什么会出现这样的现象呢？

【学生】回答：因为氢氧化钠和氢氧化钙都有腐蚀性，并且氢氧化钠的腐蚀性更强。

【教师】现在请大家回顾氢氧化钠的俗名，"烧碱，火碱，苛性钠"是不是很形象呢？之前我们讲到浓硫酸的腐蚀性，如果不小心将浓硫酸沾到皮肤上了，应如何处理？

【学生】回答：立即用大量水冲洗，并涂上3%~5%的碳酸氢钠溶液。

【教师】提问：氢氧化钠也有很强的腐蚀性，如果不小心将氢氧化钠沾到皮肤上，我们又该如何处理？请大家齐读答案，并勾画下来。

【学生】齐读：氢氧化钠有强烈的腐蚀性，如果不慎沾到皮肤上，要用大量的水冲洗，再涂上硼酸溶液。

【设计意图】

1. 培养学生的观察能力。

2. 培养学生描述对比实验的现象，并通过现象推导结论，锻炼学生的语言表达能力。

3. 学习有紧急状况发生时的处理方法。

环节三：碱的通性

【教师】上节课我们学习了酸碱指示剂，它能通过颜色的变化来指示酸性或者碱性。接下来我们来观察氢氧化钠和氢氧化钙的溶液和两种酸碱指示剂的作用情况，请同学们在点滴板上进行分组实验，并将实验现象记录到表格中。

【学生】分组实验，完成表格（如表1-9-5）中的相关内容。

表1-9-5　常见碱的知识归纳表4

	氢氧化钠	氢氧化钙
俗称	苛性钠、火碱、烧碱	熟石灰、消石灰
化学式	NaOH	$Ca(OH)_2$
用途	化工原料、炉具清洁剂、肥皂、石油、造纸、纺织和印染	建筑材料、保护树木、制农药、改良酸性土壤
物理性质	白色固体、易溶于水、溶于水放热	白色固体、微溶于水
腐蚀性	有强腐蚀性	有较强腐蚀性
与酸碱指示剂作用	紫色石蕊溶液：变蓝 无色酚酞溶液：变红	紫色石蕊溶液：变蓝 无色酚酞溶液：变红
露置在空气中的变化		

【教师】通过上述实验现象，请一个同学来总结一下。

【学生】回答：氢氧化钠和氢氧化钙的溶液都能使紫色石蕊溶液变蓝，使无色酚酞溶液变红。

【教师】通过之前的学习，我们知道二氧化碳能使澄清石灰水变浑浊，请大家在草稿纸上写出化学方程式。

【学生】书写化学方程式。

【教师】其实氢氧化钠固体在空气中不仅会吸收水分，它和 $Ca(OH)_2$ 一样，会和 CO_2 发生反应：$2NaOH+CO_2=Na_2CO_3+H_2O$。由于现有知识有限，暂时不验证这个反应的发生，待后面学习了盐的知识后再来验证这个反应。现在请同学们观察氢氧化钠和氢氧化钙的溶液分别和二氧化碳反应的化学方程式，讨论它们的共同之处。

【学生】氢氧化钠和氢氧化钙的溶液都能和二氧化碳反应，生成盐和水。

【教师】其实三氧化硫和氢氧化钠也能发生类似反应，请大家试着写一写化学方程式。

【学生】$SO_3+2NaOH=Na_2SO_4+H_2O$

【教师】CO_2、SO_3 都属于非金属氧化物，综合所有的实验探究，我们一起来总结，碱的化学通性有哪些呢？

【教师】总结：碱溶液都能与酸碱指示剂作用，显示一定的颜色。

碱溶液能与某些非金属氧化物反应生成盐和水。

【设计意图】

1. 重要化学方程式的练习。

2. 为"氢氧化钠变质程度的探究实验"埋下伏笔。

3. 提前让学生掌握盐的"构造"。

4. 锻炼学生举一反三的能力。

环节四：酸和碱的定义

【教师】提问：多种酸类物质的化学性质有相似之处，多种碱类物质的化学性质也有相似之处，这是为什么呢？

【教师】播放视频：探究盐酸、硫酸、氢氧化钠溶液、氢氧化钙溶液、蒸馏水和乙醇的导电性。

【学生】观看视频。

【教师】实验中我们看到蒸馏水和乙醇不导电，而两种酸和两种碱溶液都能导电，这是因为它们的溶液中都存在着自由移动的离子。盐酸在水中会解离出 H^+ 和 Cl^-，硫酸在水中会解离出 H^+ 和 SO_4^{2-}，氢氧化钠在水中解离出 OH^- 和 Na^+，氢氧化钙在水中解离出 OH^- 和 Ca^{2+}。同学们发现共同之处了吗？

【学生】回答：酸在水中都能解离出 H^+，碱在水中都能解离出 OH^-。

【教师】（定义）酸：在水溶液中电离时产生的阳离子全部是 H^+ 的化合物。碱：在水溶液中电离时产生的阴离子全部是 OH^- 的化合物。

【教师】课堂小结，随堂练习。

【学生】跟随老师一起总结并完成课堂练习。

【设计意图】

1. 激起兴趣，探究答案。

2. 形成学习物质的一般方法和步骤，培养学生良好的科学态度。

教学实施过程中的反思及建议

1. 展示用氢氧化钠溶液浸泡过的鸡爪，让学生感受氢氧化钠强烈的腐蚀性，顺理成章地强调安全问题。

2. 教学的各个环节衔接紧密，环环紧扣，逻辑性强。

3. 整节课教师讲得稍多了，提问和让学生思考的时间较少。

4. 分组实验安排得不够丰富。

基于探究式教学的实践教学设计
——生活中常见的盐

一、教学基本信息

课　　题：基于探究式教学的实践教学设计——生活中常见的盐

关 键 词：食盐、粗盐提纯、探究式教学、科学态度与责任

教　　材：人教版 2012 年版义务教育教科书《化学（九年级下册）》

二、教学内容分析

本节课讲的是人教版（2012 年版）《化学》九年级下册第十一单元课题 1 的内容，在第十单元的学习中，学生已经学习了酸、碱、盐的定义和酸、碱的化学性质，本单元将承接第十单元的内容，继续学习盐的化学性质以及生活中常见的盐、粗盐提纯等内容。同时建构出酸、碱、盐完整的知识框架体系，逐渐拔高学生对化学学科的认识，形成比较系统的化学思维方式，为高中的化学学习打牢基础。

本节课承担的主要教学功能有：

1. 了解生活中常见的盐及其用途；

2. 学习粗盐提纯；

3. 逐渐完善酸、碱、盐知识框架体系，为高中的学习打牢基础。

三、教材素材分析

本堂课以日常生活中熟悉的食盐为核心线索开展学习。课前寻找不同职业的人来录制视频，简略介绍食盐用途：由医生介绍盐可用于配制生理盐水；由厨师介绍盐可作为食物的重要调味品；由老人 A 介绍盐可用于腌制咸菜；由老人 B 介绍盐可用于制作腊肉；由城管介绍盐可用作融雪剂，融化道路上的积雪；由生物老师介绍

食盐中的 Na^+ 和 Cl^- 可维持人体正常新陈代谢等生理活动；由农民介绍食盐可用于选种，筛选出优质的种子。当介绍食盐在日常生活中的应用时播放此视频，更有利于学生理解盐的相关知识。通过本堂课，让学生感知化学就在身边，培养学生用化学的眼光观察生活、观察世界的习惯。

四、整体设计思路（如表 1-10-1）

表 1-10-1 "生活中常见的盐"整体设计思路

教学环节	教学主要内容	能力与素养发展
环节一 氯化钠的用途	由提前拍摄的视频介绍氯化钠的用途，并引出食盐的生产	增强学生"化学就在身边，用化学眼光观察世界"的意识
环节二 如何获取粗盐	提问学生从海水中提取氯化钠的方法，以及分析产物含有的杂质成分	培养学生知识迁移能力，增强问题分析能力
环节三 粗盐如何提纯	观察粗盐和精盐的样品，小组讨论并实验除去难溶性杂质和可溶性杂质	增强小组合作学习能力、综合应用能力和动手实验能力
环节四 精盐如何转变为营养盐	为了解决居民普遍缺碘的问题，还需要向食盐中加入碘酸钾。提问学生应如何操作可让两者均匀混合	化学源于生活，也服务于生活。培养学生的科学精神与科学观念

五、教学过程

环节一：氯化钠的用途

【教师】引入：我们每个人都有自己独特的爱好，有人喜欢听歌，有人喜欢看小说，有人喜欢玩游戏，等等，几乎所有人都有一个共同的爱好，那就是——吃。美味的饭菜，可以没有酸、甜、苦、辣，但一定不能没有咸味，否则就食之无味了。

【学生】认同。

【教师】提问：所以我们在做菜的时候，通常都会加入适量的……?

【学生】回答：食盐。

【教师】提问：食盐的主要成分是?

【学生】回答：氯化钠。

【教师】提问：氯化钠的化学式是什么?

【学生】回答：NaCl

【教师】提问：氯化钠在日常生活中，除了在炒菜的时候可作为调味品，还有什么用途呢？

【学生】回答：1.腌制腊肉；2.腌制咸菜；3.……

【教师】播放视频：课前录制的由不同职业的人介绍氯化钠用途的视频。

【学生】观看视频。

【教师】小结：通过刚才同学们的回答及视频，我们了解到氯化钠在日常生活中有着非常广泛和重要的用途，因此，保证盐的产量也是一项非常重要的任务。

【设计意图】

1.通过共同的爱好——吃，以及美食的照片来引入课题，吸引学生的注意力，激发学习兴趣。

2.层层递进，步步深入。

3.由不同职业的人来介绍，增强信息的可信度。

环节二：如何获取粗盐

【教师】提问：同学们知道什么地方含有大量的盐吗？

【学生】回答：1.海水；2.盐湖；3.……

【教师】讲解：非常好，比如我国青海的著名景点——茶卡盐湖，储盐量达到数亿吨。大海更是蕴含着巨大的食盐资源。要如何才能从海水中提取到氯化钠呢？

【学生】回答：风吹日晒。

【教师】提问：这种提取物质的操作名称是什么？

【学生】回答：蒸发结晶。

【教师】提问：通过此操作能否从海水中得到纯净的氯化钠？

【学生】回答：不能。

【教师】提问：为什么？

【学生】回答：海水中除了氯化钠还有其他物质，比如泥沙、海洋生物的尸体，以及其他可溶物，等等。

【教师】讲解：非常好。通过海水晒盐的方法得到的食盐，通常还含有大量的难溶性杂质，比如泥沙。除此以外还有一些可溶性杂质，主要为 $MgCl_2$、$CaCl_2$ 和 Na_2SO_4 三种物质。

【设计意图】

1. 以著名景点举例，不仅让同学们感受到我国资源丰富，还感受到化学就在身边。

2. 回顾第九单元的知识，培养知识迁移能力。

3. 由学生自主分析海水晒盐过程中可能混入杂质，过渡到粗盐提纯板块。

环节三：粗盐如何提纯

【教师】讲解：我们把含有泥沙和其他可溶性杂质的食盐叫作粗盐。将粗盐提纯，除去杂质后，就可以得到精盐。引导：请同学们观察桌上提供的粗盐和精盐的样品。

【学生】（观察）

【教师】提问：两者外观上有什么区别吗？

【学生】回答：1. 粗盐颗粒比较大，精盐颗粒比较小；2. 粗盐颜色略微偏黄，精盐颜色更白。

【教师】引导：想要将粗盐提纯，我们首先要明确粗盐中含有的杂质成分。

【教师】提问：刚才我们分析了粗盐中含有哪些类型的杂质？

【学生】回答：难溶性杂质和可溶性杂质。

【教师】提问：除杂时，应先从最容易除去的杂质入手，所以我们应该先考虑除去什么类型的杂质？

【学生】回答：难溶性杂质。

【教师】引导：请小组讨论，设计除去难溶性杂质的实验方案。

【学生】小组代表分享：先溶解粗盐，然后过滤，再对滤液进行蒸发结晶，即可除去难溶性杂质。

【教师】引导：请按照设计的实验方案进行实验，当完成过滤后即可停止实验。

【学生】小组实验。

【教师】引导：现在同学们已经完成了溶解、过滤两个步骤，只要再通过蒸发结晶，就可以成功除去粗盐中难溶性的杂质了。现在我们再思考下一个问题：要如何除去粗盐中的可溶性杂质呢，可溶性杂质有哪些呢？

【学生】$MgCl_2$、$CaCl_2$、Na_2SO_4。

【教师】引导：粗盐中的可溶性杂质主要为 $MgCl_2$、$CaCl_2$ 和 Na_2SO_4 三种物质。

现在这三种物质就和氯化钠一起，安静地"躺"在同学们过滤后的滤液中。

【教师】提问：我们要如何将它们分离出来？

【学生】回答：根据复分解反应原理，将其转化为沉淀或者气体，使它离开溶液。

【教师】提问：这三种杂质，含有哪些离子？

【学生】回答：Mg^{2+}、Ca^{2+}、Na^+、Cl^-、SO_4^{2-}。

【教师】提问：这些离子中哪些离子是我们不需要的？

【学生】回答：Mg^{2+}、Ca^{2+}、SO_4^{2-}。

【教师】提问：可以加入什么离子来除去它们？

【学生】回答：1.OH^-可除去Mg^{2+}；2.CO_3^{2-}可除去Ca^{2+}；3.Ba^{2+}可除去SO_4^{2-}。

【教师】提问：我们都知道溶液呈电中性，所以不存在只含某种阴离子或者只含某种阳离子的溶液，因此我们应选择的除杂药品是什么呢？

【学生】回答：$NaOH$溶液、Na_2CO_3溶液、$BaCl_2$溶液。

【教师】讲解：我们在加入除杂药品的时候，不能再引入新的杂质，同学们做出了非常明智的选择。

【教师】提问：为了完全除去杂质离子，加入药品的量必须……？

【学生】回答：过量。

【教师】提问：过量的药品，在溶液中会不会成为新的杂质？

【学生】回答：会。

【教师】引导：所以这三种药品是否有一定的加入顺序呢？请同学们小组讨论，制定实验方案。

【学生】小组代表发言：

1.顺序为$NaOH$溶液、$BaCl_2$溶液、Na_2CO_3溶液；

2.顺序为$BaCl_2$溶液、Na_2CO_3溶液、$NaOH$溶液；

3.……

【教师】总结学生发言：同学想出了很多可行的顺序，它们的共同点是确保Na_2CO_3溶液在$BaCl_2$溶液之后加入，这样才能除去过量的Ba^{2+}。

【学生】认同。

【教师】引导：接下来就请同学们根据设计的实验方案进行实验。

【学生】小组进行离子除杂实验。

【教师】引导：在除去了可溶性杂质后，最后我们通过蒸发结晶操作，就可以得到精盐了。请同学们参考教材上的蒸发结晶注意事项进行实验。

【学生】小组进行蒸发实验。

【教师】过渡：在同学们的努力下，现在粗盐已经成功提纯，得到了精盐。但是，想要进一步制得可食用的盐，还差了一点点。请同学们思考食用盐差了什么？

【学生】粗盐到精盐，精盐到食用盐，加入了其他物质。

【设计意图】

1. 实物观察，给学生更真实的感受。

2. 层层深入，引导思考。

3. 结合第四单元和第九单元的知识，培养学生对知识的迁移和综合应用能力。

4. 锻炼学生的动手能力。

5. 层层递进，增加思维深度。

6. 综合运用第十单元所学知识。

7. 形成除杂思维。

8. 不仅充分锻炼学生的化学思维能力，还培养了小组合作学习能力。

环节四：精盐如何转变为营养盐

【教师】过渡：我们日常的饮食，除了要吃饱之外，还要考虑吃好，要从食物中充分摄入每日人体所必需的各种营养物质，以保证各元素的均衡摄入。比如碘元素，就是一种人体必需的元素，虽然它在人体中含量不高，但对人体的脑发育、智力发展有着非常大的影响。所以为了解决普遍存在的碘缺乏问题，我国从 1995 年开始实施全民食盐加碘，即在食盐中加入一定比例的碘酸钾（PPT 呈现碘酸钾固体照片）。

【教师】提问：请同学们思考，如何操作，才能让碘酸钾固体和精盐固体充分混合。

【学生】回答：1. 充分搅拌；2. 碾磨成粉末后再搅拌；3. 溶于水，配制成溶液，再蒸发结晶。

【教师】引导：最后一种思路非常好，因为溶液具有什么性质？

【学生】回答：均一、稳定性。

【教师】讲解：所以配制成溶液，再蒸发结晶，确实可以让两者非常充分地混合。

【学生】认同。

【教师】播放视频：让我们来了解一下工业上是如何在食盐中加碘的吧。

【学生】（观看视频）

【教师】提问：通过视频我们了解到，工业上主要采用了喷雾法和粉末添加法，为什么没有选择溶解后蒸发结晶呢？

【学生】回答：这样做可以大大降低添加碘酸钾后食盐的湿度。

【教师】讲解：所以实际生产过程中，需要全面地思考问题。

【学生】认同。

【设计意图】

1. 体现出化学源于生活，又服务于生活的思想，让学生感受到化学就在身边。

2. 进一步考查学生的知识综合应用能力。

3. 培养学生的科学思维与科学观念。

环节五：总结收尾

【教师】过渡：这节课我们学习了生活中常见的食盐，了解了食盐在日常生活中的用途，以及如何从海水中提取并提纯食盐，最后又如何将食盐转化为营养盐而应用于我们的生活。

【学生】（听讲）

【教师】结尾：化学源于生活，又作用于生活。通过在食盐中加碘，成功解决了世界上超过30%，约20亿人口的碘摄入缺乏问题，这在很大程度上避免了大脖子病、儿童大脑发育异常等诸多病症，使我们的生活变得更加美好。

【学生】认同。

【设计意图】

进一步增强学生对化学学科的认同感，培养学生的科学精神与科学观念。

教学实施过程中的反思及建议

1. 粗盐提纯的过程中，除去可溶性杂质对学生而言，是一个较大的难点。通过小组讨论和学生实验，可以较好地突破这个难点，让学生对药品的选择和加入的流程有更深刻的理解。同时也锻炼了学生的小组学习能力和化学实验能力。

2. 本节课中，小组讨论和学生实验的内容较难，教师要根据学生的情况进行适当的引导。

3. 本节课内容较多，教师应注意把握课堂时间。

从饮食的角度看化学的教学设计
——人类重要营养物质

一、教学基本信息

课   题：从饮食的角度看化学的教学设计——人类重要营养物质

关 键 词：营养物质、食物、健康

教   材：人教版 2012 年版义务教育教科书《化学（九年级下册）》

二、教学内容分析

本课题与生活联系密切。随着生活水平的提高，中学生肥胖率日益增高。通过对食物所含六大营养物质的学习，让学生了解其化学成分、在体内的代谢过程、对人体健康的作用和影响等。通过阅读教材、观看图片、查阅资料等方式激发学生的学习兴趣，体会化学学科的实用性。补充介绍课外相关知识，如常见的食物搭配误区有哪些？如何判断自己是否真的肥胖？该如何科学地控制体重？等等。

"人类重要营养物质"承担的教学功能主要有：

1. 认识六大基本营养素，初步认识常见的有机物；

2. 了解正确搭配食物的一般方法；

3. 培养学生健康的饮食习惯。

三、教材素材分析

根据初中化学课程标准（2022 版），本节课应归类到第五学习主题——化学与社会发展跨学科实践。本节课的地位和作用是通过对人类重要营养物质的学习，从而指导学生科学搭配食物，从化学的角度体会饮食与健康之间的关系，养成健康进食的习惯。

通过学习课程标准，我选取了"中学生常见不良饮食习惯""BMI 值的算法和意义""常见食物能量值、GI 值""体脂率"等学生感兴趣的话题，引导学生科学搭配食物，并体会科学饮食对健康生活的意义。

四、整体设计思路（如表 1-11-1）

表 1-11-1 "人类重要营养物质"整体设计思路

教学环节	教学主要内容	能力与素养发展
环节一 展示相关图片，创设"如何搭配营养餐"的情景引入课堂主题	通过展示不同体型的人的图片、本班学生午餐食物的图片，让学生直观感受健康与饮食的关系	体会化学与生活的联系
环节二 介绍六大基本营养素	认识六大营养物质的化学成分、食物来源、对人体的作用及代谢过程	从科学的角度体会食物中的化学，初步建立科学的饮食观
环节三 了解有关食物、健康的课外知识	了解如何判断肥胖、常见食物能量值等相关课外知识	使学生更加全面地了解食物中的化学知识，体会用科学指导健康的重要意义
环节四 学以致用	为家人搭配营养餐，为自己的体重设置短期目标，制订相关饮食计划。学生之间相互评价搭配是否合理	使化学知识服务于生活

五、教学过程

环节一：课堂引入

【教师】展示极瘦、极胖的人的照片。

【教师】提问：大家觉得他们美吗？健康吗？

【学生】回答：不健康。过于消瘦的人可能会营养不良，抵抗力下降。过于肥胖的人容易得"三高"。

【教师】展示正常体态的人的照片，感受美与健康的关系。

【教师】引入：想要有健康、匀称的身材，关键要管住嘴，迈开腿。这节课，我们将从科学进食的角度来学习一日三餐中的化学知识。

【教师】展示本班同学在学校食堂进餐时的照片。

【教师】提问：请同学相互评价食物种类搭配是否合理，量是否合适等，并提出你的改进意见。

【学生】讨论。

【教师】小结：今天我们这节课的目标就是要学会搭配营养餐。

【设计意图】

1. 营造轻松、热烈的课堂氛围，让学生积极讨论并回答问题。

2. 感受化学与健康的关系，激发学生的兴趣。

环节二：认识六种营养素

【教师】布置任务：阅读教材第90页。找一找：食物中所含物质的基本成分是哪六种？以小组为单位，说一说，图 12-1 中各食物主要含哪种成分。

【学生】（阅读）回答：香蕉、苹果等水果，以及日常食用的蔬菜中主要含有维生素、水、糖类等。牛奶、虾中主要含蛋白质。

【教师】评价：说得非常好！但是还不够全面。

【教师】展示富含蛋白质的食物图片，归纳小结蛋白质的食物来源主要为：肉、蛋、奶、鱼、豆。其中，肉、蛋、奶富含动物蛋白，大豆、花生富含植物蛋白。展示蛋糕、花生浆、豆浆等经过加工后的食物，它们也富含蛋白质。

【教师】讲解：蛋白质是构成细胞的基本物质，是机体生长及修补受损组织的主要原料，是由多种氨基酸构成的极为复杂的化合物，相对分子质量为几万到几百万。

【教师】布置任务。阅读教材第91—92页，思考：蛋白质在人体内是如何消化代谢的？血红蛋白、酶这两种蛋白质在人体中的作用是什么？

【学生】（阅读）回答：蛋白质在人体内主要有两种代谢途径。血红蛋白帮助运输氧气。酶的作用是生物催化剂。

【教师】展示正常人的肺和吸烟者的肺。播放视频：在吸烟者所吸香烟的烟头处包裹餐巾纸，吸一口烟后，纸上留下黄色焦油的印记。同学们可以回家让抽烟的家人自己做一做这个实验，让他们感受烟气中的有毒成分。

【教师】展示甲醛用于浸泡动物标本的图片，不法商贩用甲醛浸泡食物的图片。

【教师】提问：生活中哪里可能存在甲醛污染？应如何避免？

【学生】回答：新车、新房等装修污染。应注意开窗通风，或用活性炭吸附甲醛等。

【教师】展示富含糖类的食物图片。

【教师】讲解：食物中的淀粉、葡萄糖、蔗糖、麦芽糖、纤维素等都属于糖类。糖类是主要的供能物质。在人体内经过消化，最终成为葡萄糖，之后进入血液发生化学反应，为人体组织提供营养和能量，供机体活动和维持恒定体温。

【教师】展示富含油脂的食物图片。

【教师】讲解：油脂是维持生命活动的备用能源。

【教师】展示富含维生素的食物图片。

【教师】讲解：大部分维生素不能在人体内合成，需要从食物中摄取。维生素有调节新陈代谢、预防疾病的作用。

【教师】提问：你知道的维生素有哪些种类？缺乏这种维生素可能引发哪种疾病？

【学生】回答：缺维生素 A 可能会引起夜盲症，缺维生素 C 可能会引起坏血病。

【设计意图】

1. 对比感知：从生活经验和科学角度感受化学知识的专业性。

2. 直观展示吸烟的危害，引发学生的震撼，引导学生一定不要吸烟。

3. 充分展示食物中的化学知识，让学生体会化学学科的实用价值。

环节三：课外知识

【教师】展示中学生常见的不良饮食习惯。数一数：上述情况，你有几种？

【学生】展开热烈讨论。

【教师】讲解：同学们应该尽量改正生活中的不良饮食习惯。可以给自己制定目标，要优化一些习惯。我发现，我们班有的同学过分节食，有的同学暴饮暴食，这都是不科学的。你真的肥胖吗？或者，你可能肥胖而不自知。

【教师】展示 BMI 值的算法及对照标准，让学生根据自己的情况计算自己的BMI 值。

【学生】计算自己的 BMI 值。

【教师】展示常见食物的能量值，GI 值。

【教师】提问：结合实际体重和食物的能量值，哪些食物更适合你？展示学生们常吃的零食品种，哪些属于健康的零食？哪些零食特别不健康，应少吃或不吃？

【学生】展开热烈讨论。

【教师】展示常见食物错误的搭配。除此以外，你还知道有哪些不科学的食物搭配?

【学生】回答。

【教师】展示膳食营养宝塔的图片。

【教师】讲解：搭配食物一定要注意：种类丰富、量要适中。结合年龄特点，比如青少年应多补充优质蛋白，中老年人应减少油脂的摄入。

【设计意图】

1. 通过自我对照，关注饮食健康。

2. 让学生从科学的角度正确解读体重的意义。

3. 养成少吃零食，吃健康零食的好习惯。

环节四：实际应用

【教师】布置任务：结合自己的身高、体重、年龄、饮食习惯等，为自己的一日三餐设计营养食谱。分小组讨论搭配的合理性。

【学生】交流讨论。

【教师】播放一段精心搭配、烹调午餐的视频。

【学生】观看视频，感受饮食中的科学和美。

【教师】讲解：今天这堂课，我们一起从化学的角度学习了食物中的化学，学会了科学搭配一日三餐，了解了生活中常见的饮食误区和不良饮食习惯。希望同学们从现在开始，认真对待一日三餐，吃得健康，吃得科学！每天营养吃三餐，健康生活一辈子！

教学实施过程中的反思及建议

1. 从学生的日常饮食出发，让学生充分体验化学是一门实用的科学，化学与生活息息相关。

2. 从科学的角度认识一日三餐，科学搭配一日三餐，关注饮食健康。

基于科学责任感培养的教学案例
——有机合成材料

一、教学基本信息

课　　题：基于科学责任感培养的教学案例——有机合成材料

关 键 词：有机物、高分子材料

教　　材：人教版 2012 年版义务教育教科书《化学（九年级下册）》

二、教学内容分析

"有机合成材料"是人教版（2012 年版）《化学》九年级下册第十二单元"化学与生活"的最后一节课，这部分内容与生活紧密相联，学生学习兴趣较高。本课题主要包括有机化合物和有机合成材料两部分内容。第一部分内容根据学生已有的知识基础设计了表格，学生通过填写一些具体物质的化学式、组成元素和相对分子质量，能够区分有机化合物和无机化合物，对初中化学涉及的化合物的知识形成一个较为完整的体系。第二部分内容从学生的生活经验出发，主要介绍常见的塑料、合成材料和合成橡胶的性能和用途。通过聚乙烯塑料和酚醛塑料碎片的实验，用燃烧法来鉴别纤维的种类，让学生从结构与性质的关系入手，了解高分子化合物的主要特点和性质。最后将合成材料与环境保护结合起来，了解治理"白色污染"的途径和方法，培养学生关注自然和社会的责任感。

三、教材素材分析

新课程标准的基本理念是"从学生已有的经验出发，让他们在熟悉的生活情景和社会实践中感受化学的重要性，了解化学与日常生活的密切关系，逐步学会分析和解决与化学有关的一些简单的实际问题"。结合学生已有经验，充分挖掘生活素材，设计实验探究，小组合作，引导学生通过现象看本质，帮助学生建立宏观与微观间的联系，逐步形成"结构决定性质，性质决定用途"的基本观念，为高中的进一步学习奠定基础。

四、整体设计思路（如表 1-12-1）

表 1-12-1 "有机合成材料"整体设计思路

教学环节	教学主要内容	能力与发展素养
环节一 识别有机物	课前完成教材中的相应表格，分析表中的物质，归纳有机化合物的共同点，区分无机化合物和有机化合物	培养学生的宏观辨析和微观探析的核心素养，培养辩证思维、探究能力、科学态度和责任感
环节二 实验探究	设计塑料的热塑性和热固性实验，通过实验验证其结构。鉴别纤维的种类，介绍三大合成材料的性质和用途	
环节三 认识"白色污染"	展示生活中的塑料垃圾的图片，提出如何处理使用过的塑料制品的问题，学生讨论处理方法	

五、教学过程

环节一：识别有机物

【教师】引入：展示航天服、水立方、合成纤维衣服、人工关节的图片。同学们能看出它们的材料是什么吗？

【学生】（观看图片）

【教师】过渡：随着科学技术的发展，越来越多的新材料应运而生，为我们的生活提供了极大便利。这节课我们将一起学习有机合成材料。

【教师】板书：课题 3 有机合成材料

【教师】板书：一、认识有机物

【教师】首先来看什么是有机化合物。请同学们展示课前做的导学案（如表1-12-2）。

【教师】提问：甲烷、乙醇、葡萄糖、淀粉和蛋白质的组成元素有什么共同点？

【学生】回答：组成上都含有碳、氢元素。

【教师】提问：甲烷、乙醇和葡萄糖的相对分子质量与淀粉和蛋白质的相对分子质量相比，有什么不同?

【学生】回答：甲烷、乙醇和葡萄糖的相对分子质量较小，淀粉和蛋白质的相对分子质量较大。

【教师】讲解：我们将甲烷、乙醇、葡萄糖、淀粉和蛋白质这类含碳元素的物质称为有机化合物，而氯化钠、硫酸和氢氧化钠不含碳元素，叫无机化合物。

表 1-12-2　有机化合物导学案

化合物	化学式	组成元素	相对分子质量的数值或大致范围
甲烷			
乙醇			
葡萄糖			
淀粉			
蛋白质			
硫酸			
氢氧化钠			
氯化钠			

【教师】提问：那是否含碳元素的化合物都是有机化合物呢?

【学生】思考并回答：无机化合物中也有含碳的物质,比如：一氧化碳、二氧化碳、碳酸、碳酸钙、碳酸钠、碳酸氢钠等。

【教师】归纳：含碳元素的化合物不一定是有机化合物，但有机化合物一定含碳元素。

【教师】板书：有机化合物：含碳元素的大部分化合物。无机化合物：不含碳元素，特例：CO、CO_2、H_2CO_3、$CaCO_3$、$NaHCO_3$、Na_2CO_3 等。

【教师】提问：为什么有机物的数目异常庞大呢? 教材根据相对分子质量大小，把有机物分为哪两类?

【学生】回答：有机小分子化合物和有机高分子化合物。

【设计意图】

1.让学生感受到有机合成材料对个人生活、社会发展、科技进步的积极作用，激发学习兴趣。

2.培养学生运用比较、分类、归纳、概括等方法对信息进行初步加工。

环节二：实验探究

【教师】有机高分子化合物制成的材料就是有机高分子材料。

【教师】投影：羊毛、棉花、天然橡胶、雨衣、垃圾袋、汽车轮胎的图片。

【教师】讲解：根据来源不同，有机高分子材料分为天然有机高分子材料和有机合成高分子材料。羊毛、棉花和天然橡胶属于天然有机高分子材料。而塑料、合成纤维和合成橡胶属于合成有机高分子材料。

【教师】提问：常见塑料有什么性质呢？

【教师】演示实验：分别加热聚乙烯塑料碎片和酚醛塑料。

【学生】认真观察，描述实验现象。

【教师】小结：聚乙烯塑料加热时熔化，冷却后变成固体，加热后又可以熔化，这样的性质称为热塑性。酚醛塑料加热后不熔化，具有热固性。

【教师】板书：二、三大合成材料

塑料：热塑性和热固性

【教师】提问：装食品用的塑料袋是如何封口的呢？酚醛（电木）插座破裂后能否热修补呢？

【教师】小组实验1：聚乙烯热塑性实验

【学生】分组实验，讨论。

提示：用铁丝折成四边形，放入塑料袋里并拉紧点燃酒精灯，然后将铁丝和塑料袋在火焰边慢慢移过，观察现象。

【教师】提问：为什么不同的塑料性质不一样呢，可能与什么因素有关呢？

【学生】（思考）

【教师】投影：高分子结构示意图（如图1-12-1）。

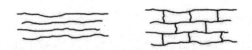

图 1-12-1　高分子结构示意图

【教师】讲解：聚乙烯塑料是链状结构，可以反复加工，制成各种形状。而酚醛塑料是网状结构，加工成型后不再熔化。这体现了"结构决定性质，性质决定用途"。

【教师】过渡：天冷，市场到处都在卖羊毛、羊绒衣服，老师也买了件"羊毛"

衫，衣服标签标注的是 100% 羊毛，你们有什么方法可以鉴定它是纯羊毛吗？

【学生】（思考）

【教师】提示：已知棉纤维、羊毛纤维、合成纤维的燃烧现象如表 1-12-3。

表 1-12-3　各种纤维的燃烧现象

	棉纤维	羊毛纤维	合成纤维
燃烧现象	燃烧时无气味，燃烧灰烬为灰黑色，用手指一压就变成粉末	羊毛接近火焰时会卷缩，燃烧时有烧毛发的焦煳味，用手指一压就变成粉末	燃烧无焦煳味，燃烧后剩余物用手指挤压不会变成粉末状

【教师】小组实验 2：灼烧实验。材料：棉线、羊毛毛线、服装里料、酒精灯、镊子。

【学生】分组实验。

【教师】小结：燃烧是鉴别纤维的最简单方法。

板书：燃烧法鉴别纤维。

【教师】过渡：有机高分子材料除了塑料、纤维之外，还有橡胶。最初的橡胶是从橡胶树获取的，很容易老化，后来人们用化学方法得到了合成橡胶，它有很多优良性能，在国防、交通、医疗、生活等方面有相当广泛的应用。

【学生】（聆听、思考）

【教师】投影：天然橡胶，各种橡胶产品的图片。

【设计意图】

1.借助实验，感受塑料的热塑性和热固性的区别，逐步形成"结构决定性质，性质决定用途"的基本观念。

2.加深学生对纤维的认识，培养学生用化学知识解决生活中的问题的意识，提高了学生对化学的兴趣。

环节三：认识白色污染

【教师】过渡：虽然合成材料的应用与发展大大方便了我们的生活，但合成材料的废弃物也带来了环境问题。

【教师】投影：白色污染图片。

【学生】（观看图片）

【教师】讲解：大部分塑料在自然环境中很难降解，会造成白色污染。为防治"白色污染"，我们可以做些什么呢？

【学生】小组讨论。回答：回收并利用废弃的塑料；减少不必要的塑料产品的使用，比如使用环保袋；开发可降解的新产品……

【教师】板书：三、白色污染

概念：废弃塑料带来的污染。

【教师】投影：各种废弃塑料制品的再利用。

【教师】总结：随着科技的进步，不断涌现新的材料，给人们的生活带来了极大便利，但我们仍然要科学合理地使用各种材料。

【设计意图】

让学生知道污染就在身边，唤醒学生的环保意识，培养学生的责任担当意识。

教学实施过程中的反思及建议

本节课的内容和生活息息相关，学生非常感兴趣。课前布置任务，让学生收集塑料、纤维、衣服标签等实验材料，让学生对高分子材料有了直接的认识。课堂上补充说明高分子材料的最新进展和新用途，以及精心设计的课后问题，开阔了学生的视野。

第二章

理论让化学成为科学
——理论概念

从"火的起源"到"炼丹师"，从"窑洞"到"实验室"，化学经过了漫长的发展过程。人类在认识物质的过程中很长一段时间是"零散的""经验态的"，更多依赖于猜想和假设，依赖于经验积累和偶然发现。直到近代，道尔顿和阿伏伽德罗等科学家的研究，得出一系列重要结论，其中最著名的是：物质是由原子和分子构成的，分子中原子的重新组合是化学变化的基础。原子论和分子学说奠定了近代化学的基础，化学从此走向了正式的科学研究态。因此，理论概念是学生对化学认知的基本支撑，让学生能明确物质的组成、物质的规律、物质的分类。

概念是思维的工具，是知识结构的联结点，是学生学习的核心。化学概念是学习其他化学知识的必备基础。化学概念又是学生较难掌握的重要内容之一，尤其对初中学生来说，更是如此。如果学生开始没有清楚地、准确地理解和掌握化学基本概念，那么随着知识的不断积累和深化，势必造成学生头脑中的化学概念越来越模糊，学习负担越来越重。因此，在化学教学中必须要重视理论概念的教学。

根据学生的思维特点，教师帮助学生形成理论概念时，要多联系生活实际，多运用生动的比喻，多运用形象的插图、挂图，多讲事实、多做实验，充分运用直观手段，帮助学生形成概念、理解概念。化学概念是化学现象的抽象和概括，学生通过对化学现象的观察、分析、概括形成的概念，理解透彻，记忆深刻。所以，教师在理论概念教学中，应从实验着手。化学是以实验为基础的科学，化学实验有较强的直观性和感知性，是理解和运用化学概念进行判断、推理、论证的基础，也是化学概念教学的一个中心环节。如学习"饱和溶液"和"不饱和溶液"时，首先由学生测出室内温度，并在两个试管中分别加入10毫升的水，再由教师分别在两个试管中缓慢加入食盐和硝酸钾的固体，为了便于学生观察，将实验现象通过幻灯投影在屏幕上，当学生发现食盐不能再溶解，而硝酸钾仍能继续溶解时，通过提问，学生不难得出结论：在此条件下，食盐的溶液是饱和溶液，硝酸钾溶液是不饱和溶液。然后自问，"此条件"指的是什么条件呢？那就是温度为室温和溶剂的量为10毫升。接着教师提问，如果改变温度和溶剂的量，会出现什么现象呢？与此同时，教师在食盐溶液里加入5毫升的水，振荡后，学生们发现溶液中剩余的食盐溶解了，这时教师又问："现在的食盐溶液是饱和溶液还是不饱和溶液？"学生回答："是不饱和溶液。"这时教师马上指出："所以，我们把一定温度下，在一定量的溶剂里，不能再溶解某种溶质的溶液叫这种溶质的饱和溶液。饱和溶液和不饱和溶液在改变温度或溶剂的条件下，可以互相转变。"只有指明在"一定温度"下和在"一定量的溶剂"里"饱和"和"不饱和"才具有确定的意义。实践表明，通过以上方法形成的概念，学生能透彻理解，牢固掌握。例如：单质、化合物、氧化物、纯净物等概念的比较，首先寻找联系点，单质、化合物、氧化物都是纯净物，再寻找不同概念的特征：单质是由同种元素组成的纯净物；化合物是由不同种元素组成的纯净物；氧化物是由两种元素组成，其中一种是氧元素的化合物。氧化物属于化合物，但化合物不一定都是氧化物。又如"氧化剂"与"还原剂"，它们的联系点都是指反应物，并存在于同一个反应体系中。不同点是还原剂得到氧，氧化剂失去氧。只有在教学中注意指导学生进行比较，有的放矢地教学，才能使学生正确地理解概念，灵活地运用概念。

走进化学世界
——物质的变化和性质

一、教学基本信息

课　　题：走进化学世界——物质的变化和性质

关 键 词：物质变化、物质性质、化学思维

教　　材：人教版 2012 年版义务教育教科书《化学（九年级上册）》

二、教学内容分析

"物质的变化和性质"是人教版（2012 年版）《化学》九年级上册第一单元课题 1 的内容，是在《绪言》后学生正式学习的第一堂化学课。本节课的主要知识内容为理解并区分化学变化、物理变化、化学性质和物理性质，这对于后续的化学学习有着非常重要的地基式作用，也是让化学思维首次在学生脑海中萌芽的关键时机。

"物质的变化和性质"承担的主要教学功能有：

1. 理解化学变化和物理变化的区别；

2. 理解化学性质和物理性质的区别；

3. 能够判断日常生活中常见的物质变化属于物理变化还是化学变化；

4. 逐渐形成化学思维，为后续的化学学习打下基础。

三、教材素材分析

教材在编排本节内容时，安排了多个教师演示实验而没有设计学生实验。原因可能是学生在后续的"走进实验室"部分才开始比较系统地学习实验的基本操作方法。但学生在物理、生物、科学等课上已经完成过部分实验，所以也初步具备完成

化学实验的能力。本堂课是学生第一堂正式的化学课，恰好又是概念教学，因此想要避免对概念的"灌输式"教学方法，就必须要让学生有更真实的体验和感受。各种概念的形成总是从感知开始的，如果在教学过程中能让学生在观察和分析的基础上归纳、抽象出概念，这样得出的概念就不是枯燥乏味的、静态的文字，而是生动形象的，包含着深刻化学思想的内容。也有利于增强学生对化学学习的兴趣。

所以将教师演示实验调整为学生实验，一方面可以增强学生的课堂参与度，另一方面也能让学生更真切地感受到物质的变化。

同时，在前一天也留了一个家庭作业：让学生回家后准备三张相同的纸，一张撕碎，一张折成自己喜欢的形状并第二天带到学校，一张在家长的陪同下点燃。让学生先感受到物质的变化。

四、整体设计思路（如表 2-1-1）

表 2-1-1 "物质的变化和性质"整体设计思路

教学环节	教学主要内容	能力与素养发展
环节一 引入	从暑假过后同学们的变化，引出物质的变化；分析课前作业，使概念逐渐明确	从感性认知入手，培养学生用化学视角观察世界的意识
环节二 物质的变化	通过学生实验，让学生亲身感受物质的变化，并体会不同变化间的异同	培养学生实验动手能力和化学思维方式，增强概念提炼能力
环节三 物质的性质	分析上个环节中的实验，提炼出物理、化学性质的定义，并通过实验增强学生对概念的认知理解	培养学生实验动手能力和化学思维方式，增强概念提炼能力
环节四 巩固认知	通过例题进一步明晰概念之间的区别，通过归纳共性提升认知高度，通过强调反例增强认知的完整性	培养学生对知识的归纳总结和提炼能力，提升认知高度

五、教学过程

环节一：引入

【教师】同学们，昨天我们简单感受了化学之美，今天我们就要正式进入化学世界了。

【教师】我们在日常生活中可以观察到非常多的变化。一个暑假回来，身边的同学可能长高了，也可能长胖了；可能长出胡子了，也可能头发指甲变长了；等等。我们每个人都是在不断变化的，不仅是我们自己，身边的万物也在发生变化。春天树枝发出了嫩芽，夏天手里的雪糕不断融化，秋天树叶片片凋落，冬天我们呼出的气也变成了白雾。世间万物，都在不断地变化着。那么这些变化，能不能依据某种标准进行分类呢？老师先卖个关子。

【教师】昨天留给同学们的作业都完成了吗？请拿出折纸作品，大家相互参观一下。

【学生】学生之间相互参观作品。

【教师】把纸撕碎、把纸折成某种艺术作品、把纸点燃。这三种做法，纸发生变化了吗？

【学生】发生变化了。

【教师】这些变化有没有区别？

【学生】回答有区别。

【学生】1. 撕纸只改变了纸的大小。

2. 折纸改变了纸的形状。

3. 点燃后纸就变成灰烬了。

【教师】纸变成了灰烬，是不是代表着出现了"灰烬"这种新的物质？

【学生】是的。

【教师】把纸点燃，它产生了新的物质，而将纸撕碎和折叠，只是改变了纸的大小和形状，有没有产生新的物质？

【学生】没有。

【教师】我们所说的"新物质"是不是必须为自然界中没有的物质？

【学生】（思考）

【教师】并不是的。只要是相比于变化前的物质来说，出现了其他的物质，即为"新物质"。

【学生】表示认同。

【设计意图】引入课题，初步了解化学研究的范围；感受化学变化和物理变化的区别。

环节二：物质的变化

【教师】接下来我们一起完成几个实验，感受一些物质的变化。

【教师】（PPT 呈现）

实验 1

将小木条折断；

将小木条点燃。

【学生】按照 PPT 进行实验。

【教师】这两个变化有什么区别？

【学生】木条折断没有产生新物质，木条燃烧产生了新物质。

【教师】接下来的实验需要使用到酒精灯，在熄灭酒精灯时请务必用灯帽盖灭，不可用嘴去吹。

【教师】（PPT 呈现）

实验 2

将铜丝弯曲成螺旋状；

将螺旋状铜丝放在酒精灯上加热。

【学生】进行实验。

【教师】这两个变化有什么区别？

【学生】铜丝弯曲没有产生新物质，加热的时候产生了新物质。

实验 3

【教师】以下实验需要取用稀盐酸，向试管中倾倒 2~3mL 即可，注意倾倒时瓶塞倒放于桌上，标签朝向手心。

将小块的石灰石敲碎；

将小块的石灰石加入稀盐酸中。

【教师】（PPT 呈现）

【学生】按照 PPT 进行实验。

【教师】这两个变化有什么区别？

【学生】敲碎的过程中没有产生新物质，加入稀盐酸后产生了新物质。

【教师】刚才同学们进行的实验中，同样也是有一些只发生了形态上的变化，而另一些则生成了新的物质。

【教师】所以我们就可以依据"是否生成新物质"这一标准，去对物质的变化进行分类。没有生成新物质的，就是物理变化；生成新物质的，就是化学变化。

【设计意图】深层解读本节课重点：化学变化和物理变化的本质区别。

环节三：物质的性质

【教师】在刚才的实验中，体现出物质的哪些性质呢？

【学生】1. 小木条可以被折断；

2. 小木条可以燃烧；

3. 铜丝可以弯曲；

4. 铜丝加热会变黑；

5.……

【教师】你是如何知道这些性质的？

【学生】观察到它们发生的变化。

【教师】非常好！通常当物质发生了某种变化时，我们才能得知它具有某种性质。当物质发生化学变化时才有的性质，就叫作化学性质，比如小木条燃烧了，纸片燃烧了，它们发生了化学变化，而我们也就可以得知它们具有可燃性。

【教师】那什么是物理性质呢？

【学生】物质发生物理变化时所具有的性质。

【教师】请同学们描述老师手里胆矾晶体的颜色和状态。

【学生】蓝色，固体。

【教师】获取胆矾晶体的颜色、状态等性质的过程中，发生什么变化了吗？

【学生】没有。

【教师】胆矾晶体没有发生任何变化，但我们仍然知道了它的颜色、状态这些物理性质。所以请同学们再思考什么叫物理性质？

【学生】物质没有发生变化即可获取的，或者发生物理变化时所具有的性质叫作物理性质。

【教师】回答得非常好，但还不够简洁。一句话概括就是：物理性质是物质不需要发生化学变化就能表现出来的性质。

【学生】表示认同。

【教师】我们再来一起完成几个实验。

【教师】（PPT 展示）

实验 1（铁片、铝片）

仔细观察，判断颜色、状态；

掂量重量，判断密度；

相互刻画，判断硬度。

【学生】根据 PPT 展示进行实验。

【教师】（PPT 展示）

实验 2（酒精）

闻一闻，判断气味；

烧一烧，判断可燃性；

涂到手背上，判断挥发性。

【学生】根据 PPT 展示进行实验。

【教师】在刚才的实验中，同学们觉得哪些性质是物理性质？哪些是化学性质？

【学生】1. 颜色、状态、密度、硬度、气味、挥发性是物理性质。2. 可燃性是化学性质。

【设计意图】了解物质性质的多样性，区别物质性质的表现形式，区别物理性质和化学性质。

环节四：巩固认知

【教师】水蒸发、干冰升华、水能结冰、铁生锈了、酒精易挥发、饭菜变馊了、天然气可以燃烧、湿衣服晾干了、粉笔可以折断、钢筋不能折断。上述哪些是化学变化？哪些是物理变化？哪些是化学性质？哪些是物理性质？

【学生】化学变化：铁生锈了、饭菜变馊了。

物理变化：水蒸发、干冰升华、湿衣服晾干了。

化学性质：天然气可以燃烧。

物理性质：水能结冰、酒精易挥发、粉笔可以折断、钢筋不能折断。

【教师】请同学们思考，在描述物质性质的时候，有什么共性？

【学生】在描述物质性质的时候，通常会带有"可以""能""不能""易"等词。

【教师】如何判断是否生成新物质？

【学生】颜色有变化、状态有变化，如发光、放热等等。

【教师】讲解：比如电灯泡发光、放热，但并未发生化学变化。所以这些可以辅助我们判断，但并非判断的唯一标准。

环节五：总结收尾

【教师】今天我们迈出了化学学习的第一步，开始用"是否生成新物质"来区分物质的变化，我们下节课将对化学变化进行更深入的研究，这节课就到这里，下课。

【设计意图】

1.结合暑假过后同学们的变化，引出物质的变化，激发学生的学习兴趣，调动课堂气氛。

2.启发引导，培养学生化学思维。

3.准备学生实验，增强学生参与度，培养学生动手实验能力。

4.巧妙设问，让学生出现认知冲突，以加深学生对物理性质定义的认识。

5.归纳共性，提升认知高度；强调反例，增强认知的完整性。

教学实施过程中的反思及建议

1.本节课授课内容较为简单，故增加学生实验可以大大增加学生的课堂参与度，同时也可以让学生在实验中获取和提炼信息，从而对概念有更加准确和深入的理解。

2.在本节课中，学生对实验安全事项还没有较为系统的认识，所以教师需要提醒并且在旁边注意观察和引导。

3.本节课学生实验较多，授课时需要把握课堂时间。

基于核心素养发展的探究式教学设计
——分子和原子

一、教学基本信息

课　　题：基于核心素养发展的探究式教学设计——分子和原子

关 键 词：物质构成的微粒、分子、原子

教　　材：人教版 2012 年版义务教育教科书《化学（九年级上册）》

二、教学内容分析

本节内容出自人教版初中化学教材第三单元第一节，是从宏观的物质世界跨进微观的物质世界的第一课，对于学生认识宏观物质的微观组成具有重要作用。授课对象是已经学过分子、原子概念及特征的初中生，他们对分子和原子已经有了一定的了解。但由于概念较为抽象，学生很难完全理解化学反应的实质、符号表征的实际意义等问题。由于课时限制，大部分教师在上课时对于化学史部分也一带而过或干脆只字不提，学生对这些概念的来龙去脉知之甚少，也在一定程度上对概念的理解造成困难。本节课以化学史为背景，以概念的发展史为线索，对分子和原子的概念进行重新梳理，同时借助球棍模型及多媒体素材让学生进一步认识分子与原子，并将微观表征与符号表征用直观的形式进行强化，让学生在活动参与的过程中进一步强化物质观与微粒观。

三、教材素材分析

结合学生熟悉的现象和已有的经验，通过实验探究、模型拼插等活动和动画模拟等可视化手段，充分发挥学生的想象力，引导学生从微观视角认识物质及其变化和现象，帮助学生建立宏观与微观间的联系。

基于"宏观—微观—符号"多重表征设计学习活动,重视学生的化学思维方式(根据实物一瓶水和水的化学符号来画出构成水的基本微粒水分子模型)的形成,引导学生认识物质的组成、结构与物质性质之间的关系。

四、整体设计思路(如表 2-1-2)

表 2-1-2　"分子和原子"整体设计思路

教学环节	教学主要内容		能力与素养发展
环节一 魔术表演　激发兴趣	引导学生观察魔术表演发生的现象,得出构成物质的微观粒子的基本性质		初步认识宏观物质的微观粒子的基本性质
环节二 寻找证据　得出结论	(一)研读化学史,得出结论	1. 构成物质的微粒有:分子和原子	培养学生从不同角度认识构成物质的微粒是真实存在的,并具有相关微粒的特性
	(二)实验探究,得出结论	2. 微观粒子的基本性质:小、运动、间隔	
环节三 认识特性　建构模型	引导学生认识宏观物质与微观粒子之间的相互关系,并通过化学符号来建立宏观物质与微观粒子之间的联系		重视培养学生的化学思维方式,逐步理解"宏观—微观—符号"多重表征意义,形成认识物质构成的基本模型
环节四 运用模型　解决问题	引导学生根据具体宏观物质和符号与微观粒子之间的联系,用画图的方式来表现微观粒子的基本性质		提升学生运用基本模型来解决实际问题的能力

五、教学过程

环节一：魔术表演 激发兴趣

【教师】(魔术表演)将一张用酚酞试液写的"我们需要化学"的滤纸晾干后,先向其喷洒蒸馏水,观察现象;再向其喷浓氨水,观察现象。

【学生】(观察)先无明显现象,后出现红色字样"我们需要化学",随后也会观察到红色的字逐渐消失。

(思考)为什么红色的字会消失?

【设计意图】创设情景、引入课题,激发学生学习的动力。

环节二：寻找证据 得出结论

【教师】同学们认为水这样的宏观物质是由微观粒子构成的,那么你能找到哪些证据来证明这一点呢?

【教师】(一)研读化学史,得出结论

在人类的历史长河中，为了证明宏观物质中的微观粒子，前人探索了很长时间，下面就请同学们阅读任务单上的化学史，找到可以证明物质由微观粒子构成的实证。

【学生】（阅读）微观粒子发现的化学史：

1. 希腊哲学家德谟克利特认为宇宙万物皆由大量极微小的、硬的、不可穿透的、不可分割的粒子构成。

2. 英国科学家道尔顿继承古希腊朴素原子论，提出了原子学说，他认为原子是组成物质的基本的粒子，它们是坚实的、不可再分的实心球。

3. 意大利科学家阿伏伽德罗提出了分子的概念，解释了道尔顿学说不能解释的宏观现象。

4. 布朗运动实验：英国植物学家布朗用显微镜观察水中悬浮的小颗粒时，发现宏观物质颗粒在做无规则运动；经过多年研究得到了理论上的解释，并能为宏观实验所证实。该实验可以间接证明微观粒子的存在。

5. 电子显微镜的发明，使人们能够观察到构成物质微观粒子的影像。

【教师】相信同学们都已经找到了答案。前三则史实都仅仅是科学家的猜想而已，并没有实际的证据，而史实 4 和史实 5 则是通过宏观实验，比如布朗运动进行推理，或者宏观仪器，比如电子显微镜进行观测，为微观粒子的存在提供了实证。

【教师】请同学观察图片（如图 2-2-1）：

用STM技术排列
一氧化碳分子

用STM技术将铁原子
排列成"原子"二字

图 2-2-1　用 STM 技术排列分子和原子

【学生】（观察图片并解读）第 1 张是在电子显微镜下，一氧化碳分子排成的图像，第 2 张是在电子显微镜下通过移动铁原子形成的"原子"二字。由此可见，现代的科学技术不仅能够让我们看到微观粒子，甚至还可以移动它们。

（思考）从图片中还可以得出"构成物质的微粒有分子或原子"这一结论。

【教师】以上是我们通过仪器间接证实：构成物质的微粒是真实存在的，那么接下来就让我们做微观粒子相关实验。

【教师】（二）实验探究，得出结论

教师演示实验（如图 2-2-2）：

【学生】（完成观察任务）认识实验用到的两种药品：一种是酚酞溶液，另一种是浓氨水，实验后在表 2-1-2 记录发生现象：

1. 向盛有约 20mL 蒸馏水的小烧杯 A 中加入 5~6 滴酚酞溶液，搅拌均匀，观察溶液的颜色为＿＿＿＿＿＿色。

图 2-2-2　分子运动现象的实验

2. 从烧杯 A 中取少量溶液置于试管中，向其中慢慢滴加浓氨水，观察溶液颜色为＿＿＿＿＿＿色。

3. 另取一个小烧杯 B，加入约 5mL 浓氨水。用一个大烧杯罩住 A、B 两个小烧杯。观察几分钟，有什么现象发生？你能解释这一现象吗？

表 2-2-2　分子运动现象实验记录表

	烧杯 A	烧杯 B
现象		
解释		

【学生】（动手实验）记录现象，得出结论。构成物质的分子在不断运动，分子之间有间隔。

【设计意图】感受微观粒子性质的宏观现象，落实化学核心素养宏观辨析和微观探析能力，提升学生分析实验、总结实验的能力。

环节三：认识特性　建构模型

【教师】分子原子其实都很小，小到什么程度呢，让我们来看这样一组数据（如图 2-2-3）。一滴水里约有 1.67×10^{21} 个水分子。

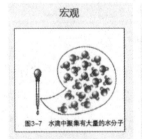

宏观

微观

以每个人1分钟数100个的速度，10亿人，要数3万多年

图3-7　水滴中聚集有大量的水分子

共有 1.67×10^{21} 个水分子

图 2-2-3　一滴水中的水分子量

【学生】联想水分子小的特性。

【教师】如何表示这一瓶水呢？它和构成的此瓶水的水分子有怎样的关系？（如图 2-2-4）

图 2-2-4　水的不同表示方式

【学生】归纳总结，宏观物质和微观粒子、符号之间的关系（如图 2-2-5）。

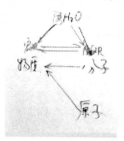

图 2-2-5　学生归纳总结

【教师】组织练习：表述下列宏观物质与微观粒子、符号之间的关系（如图 2-2-6）。

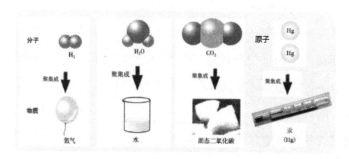

图 2-2-6　宏观物质与微观粒子、符号之间的关系

【学生】分小组进行交流，练习表述下列宏观物质与微观粒子、符号之间的关系。

环节四：运用模型　解决问题

【教师】根据上述建立的基本模型解决实际问题，

请画出一杯水的构成（如图 2-2-7）。

【学生】画图表示水的构成（如图2-2-8）。体现了水是由许多水分子聚集成的，水分子很小，都在不断地运动，且水分子之间有间隔。

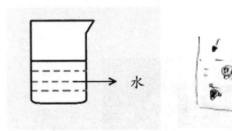

图 2-2-7　一杯水　　　　　图 2-2-8　水的构成

【教师】向一杯水中加入少量蔗糖，用玻璃棒搅拌，观察现象：

【学生】观察：蔗糖不断溶解直至消失，说明蔗糖分子很小，也在不断地运动，且也有间隔。

【教师】总结本节课的知识内容。

【学生】以弹幕的形式总结自己本节课的收获。

【设计意图】

1.通过小魔术，激发学生学习化学的兴趣，更重要的是学生能根据观察到的现象得出"构成物质的微粒在不断地运动，且很小"这一结论。

2.通过类比，感知水分子的小，才能理解宏观物质与微观粒子之间的关系。

3.通过让学生练习表述水、水分子和符号之间的关系，逐步形成宏—微—符这一基本化学思想，形成认识物质构成的基本模型。

4.用模型建构一杯水的构成，并体现水分子的基本特性小、运动、有间隔的特性。

5.让学生能在具体情境中分析这一杯水中加入蔗糖后，构成蔗糖的分子也在不断地运动，且小、有间隔等这些微观粒子的基本特性。

6.培养学生的归纳能力，建构宏观物质、微观粒子和符号三者之间的联系，形成判断物质构成的基本模型。

教学实施过程中的反思及建议

"分子和原子"这部分内容是九年级化学课标实验教科书中的一个很重要的探究点，本课题在教科书中占有举足轻重的地位。本节课的教学设计，有如下几个特点：

1.体现了课标的理念，把培养学生的科学探究能力摆在十分重要的位置。在探究氨分子扩散实验时，利用桌上的实验器材，让学生设计实验方案并进行实验，让学生体验到探究的乐趣，培养了学生自主、合作、探究的科学品质。

2.问题情景真实，实验设计巧妙。通过阅读人类对微观粒子研究的化学史为背景，借助球棍模型及多媒体素材让学生充分认识分子与原子，并将微观表征与符号表征用直观的形式进行强化；基于"宏观—微观—符号"多重表征设计学习活动，重视学生的化学思维方式（根据实物一瓶水和水的化学符号来画出构成水的基本微粒——水分子模型）的形成，引导学生认识物质的组成、结构与物质性质之间的关系。

不过，对于氨分子的扩散实验还可以更开放一些，让学生联系生活中的真实情景，真正感受到化学就在我们身边。

在实践与探索中前行

——原子的结构

一、教学基本信息

课　　题：在实践与探索中前行——原子的结构

关 键 词：发展史、情景创设、证据推理、模型建构

教　　材：人教版 2012 年版义务教育教科书《化学（九年级上册）》

二、教学内容分析

习近平总书记在十九大报告中提出"加强国家创新体系建设，强化战略科技力量"。化学是"科技力量"的重要组成部分，是人类认识和改造物质世界的主要方法与手段。

教材绪言中明确提出原子论和分子学说的创立，奠定了近现代化学的基础。初中化学课题 2 "原子的结构"是初中化学知识链的重要一环，是从微观角度认识物质的开端，它贯穿在学生的整个化学学习生涯中，是学生学习化学、认识物质世界的基础。本课题主要是在学生已掌握的分子、原子的概念基础上，深入探究原子的内部结构。

"原子的结构：在实践与探索中前行"承担的教学功能主要有：

1.通过化学史实，能初步运用综合、分析、比较等方法认识原子结构，形成一定的证据推理能力。

2.发展学生对化学研究的好奇心和兴趣，培养学生注重实证、严谨求学的科学态度。

3.通过相关科学史逐步构建现代原子结构模型。

（1）通过对刚学过的知识进行修正，使其巩固和升华，实现从旧知识到新知识的顺利过渡；

（2）认识到科学的发展是在不断修正和补充中进行的。

三、教材素材分析

我国著名化学教育家傅鹰院士言："化学可以给人以知识，化学史可以给人以智慧。""原子的结构"一课对于学生来说，比较抽象，而且人教版教材没有提供原子结构模型更替发展的相关资料，考虑到新课标的理念与学生的认知特点，选取了道尔顿、汤姆生、卢瑟福、波尔四位科学家研究原子结构的科学史来承担主要的教学内容，并从中渗透化学观念，巧妙地从"外—内""实心—空心""静态—动态""简单—复杂"多个角度，帮助学生建立原子结构模型，为学生从微观角度认识物质世界打下坚实的基础。

四、整体设计思路（如表 2-3-1）

表 2-3-1 "原子的结构"整体设计思路

教学环节	教学主要内容	能力与素养发展
初识模型	道尔顿提出实心球原子结构模型及其贡献	培养学生证据推理、归纳概括的能力，体验化学建模的过程，学习科学家敢于质疑、勇于探索、大胆创新的精神
再识模型	汤姆生发现电子，提出葡萄干布丁模型	
重建模型	卢瑟福根据 α 粒子轰击金箔实验的现象提出核式模型	
未来模型	简单介绍玻尔模型和现代的电子云模型，对未来模型的想象	明白人类对物质的认识是不断修正和改进的过程，激发学生的学习兴趣

五、教学过程

环节一：新课启航

【教师】分子很小，构成它的原子更小，原子的体积到底有多小？

数据 1：1 亿个氧原子排列的长度只有 1 厘米多。

数据 2：人的头发的宽度可横着摆下 60 万 ~90 万个原子。

【教师】图片 2-3-1：放大三百万倍的硅原子图片。

比喻 1：原子与乒乓球相比，相当于乒乓球与地球相比。

图片 2-3-2：原子、乒乓球和地球图片。

【学生】观察图片 1、2。齐读教材第 53 页第一段。

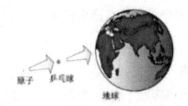

图 2-3-1　硅原子图片　　　图 2-3-2　原子、乒乓球和地球大小对比　　图 2-3-3　道尔顿实心球模型

【教师】1803 年，英国科学家道尔顿提出：原子是不可再分的实心球体。

图片 2-3-3：道尔顿实心球模型图片。

贡献：第一次将原子引入化学中，明确了化学努力的方向。

不足：他认为原子是静态的、不可再分的。

【学生】观察图片 3。

【设计意图】课题引入，让学生初步感受原子的大小，了解化学史中，人们对原子的认识。

环节二：再识模型

【教师】在历史上，人们曾经一度认为原子是最微小的粒子，不能再分成更小的粒子，然而科学家汤姆生等人通过实验改变了人们的这种认识。1897 年，汤姆生在原子内发现了电子的科学史实。

问题：电子的发现说明原子可不可以再分？

【学生】可以分出电子。

【教师】1904 年，汤姆生提出：原子是一个带正电荷的球，电子均匀镶嵌在原子里。

问题：这个模型像生活中的什么？

图片 2-3-4：汤姆生葡萄干布丁模型。

贡献：对原子的认识由表及里，深入到原子内部，指出原子内有正负电荷。

不足：他认为电子是平均分布在整个原子上的，原子是实心的、静态的。

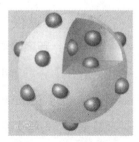

图 2-3-4　汤姆生葡萄干布丁模型

【设计意图】建立原子认识的思维模型，在模型的基础

上建构原子结构认识的过程。

环节三：重建模型

【教师】1911 年，卢瑟福和他的团队用一束带正电的、质量比电子大得多的高速 α 粒子轰击一张极薄的金箔。他们预期这些 α 粒子会毫不费力地击穿原子，顺利到达对面的探测板上。结果发现：绝大多数粒子能穿过金箔且不改变原来的方向，但有一小部分却改变原来的前进方向，还有极少数的 α 粒子被反弹了回来！

【学生】（听讲）

【教师】为什么绝大多数粒子能穿过金箔且不改变原来的方向，有一小部分发生偏转，还有极少数的 α 粒子被反弹了回来？如果当时你在现场，发现这一现象后，你会怎样想呢？

【教师】卢瑟福等人认为：极少数粒子被反弹回来是因为它们和金原子中某种极为坚硬密实的核发生了碰撞。这个核很小、带正电，却集中了原子的大部分质量，称为原子核。从而推测原子是由原子核和核外电子构成。

【学生】（思考）小组讨论回答：

弹回——致密结实、质量大、体积小

偏转——带电

【教师】原子核由带正电荷的质子和不带电的中子构成，因此原子核带正电，其所带正电荷数称为核电荷数。质子和中子的质量差不多，都比电子大得多，质子质量约为电子质量的 1836 倍，因此原子的质量几乎全部集中在原子核。

【学生】阅读教材了解原子核的组成，核电荷数 = 核外电子数。

【教师】图片 2-3-5：卢瑟福行星式模型图片。

贡献：他发现原子有核，在中心，极小，带正电；电子绕核运转；原子是空心的、动态的。

不足：他认为电子在同一层面的轨道上运动，不能解释原子稳定性。

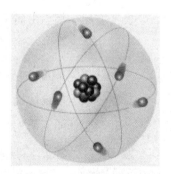

图 2-3-5 卢瑟福行星式模型

【设计意图】

1.讲述科学家的故事，学生立足于真实情景，使深奥的理论变得生动起来，随着情节逐步建立原子结构的模型。讲解深入浅出，化难为易，学生豁然开朗。

2. 依据实验事实、推测原子结构，培养学生证据推理的能力，引导学生联系生活实际想象实物，帮助建模。

环节四：未来模型

【教师】1913 年，玻尔提出：原子中的电子在具有确定半径的圆周轨道上绕原子核运动，在不同轨道上运动的电子具有不同的能量。

图片 2-3-6：玻尔原子轨道模型图片。

贡献：解决了卢瑟福模型没能解释原子稳定性，电子分层运动的问题。

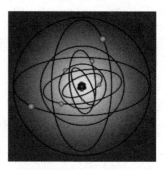

不足：解释不了新问题……

【学生】（听讲）观察图片 2-3-6。

【教师】图片 2-3-7：电子云模型。

等待同学们进一步去学习……提出你的模型？

【学生】（听讲）观察图片 2-3-7。

图 2-3-6 玻尔原子轨道模型

环节五：原子构成的规律

【教师】从横向、纵向分析教材第 53 页表 3-1，你会发现哪些信息？

【学生】完成合作探究（教材第 53 页表 3-1）

合作交流，展示探究成果。

【教师】1. 在原子中，质子、中子、电子在数量上有什么关系？

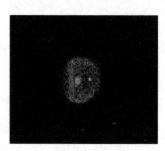

图 2-3-7 电子云模型

2. 所有原子都是由质子、中子、电子构成的吗？

3. 原子种类不同，质子数是否相同？原子种类由什么决定？

【设计意图】

1. 通过数据创设情境，激发兴趣。引导学生对原子大小有清晰的认识。

2. 让学生体验人类对原子结构的认识是逐步深化的演变过程，培养学生严谨求实、敢于质疑、善于求证的科学精神，培养学生的证据推理能力。

3. 小组讨论，展示分享，引发学生的思维风暴，让学生将课堂上感知到的知识、精神、态度等抒发表达出来并分享，感受科学研究的过程与方法，并培养学生的科学精神与社会责任感。

4.让学生学会辩证地评价科学家的研究成果，学习科学家敢于质疑、勇于探索的精神。激发学生对科学的好奇与渴望，激起他们的学习兴趣。

教学实施过程中的反思及建议

本节课采用一系列的科学史实来承担课题的主要内容，在提高学生学习兴趣的同时，也能够使学生从简单到复杂，逐渐建构起原子结构模型，且学生通过对实验结果的分析、比较、综合，能够培养一定的证据推理能力。

在授课过程中也可以穿插汤姆生、卢瑟福、玻尔的师徒佳话，卢瑟福培养了11位诺贝尔奖获得者等小故事。科学史实的选择应该紧密围绕课题内容且详略得当。

定义物质的组成

——元素

一、教学基本信息

课　　题：定义物质的组成——元素

关 键 词：物质的组成、化学用语

教　　材：人教版 2012 年版义务教育教科书《化学（九年级上册）》

二、教学内容分析

本课题"元素"安排在第三单元第三个课题，包括"元素""元素符号"以及"元素周期表简介"这三部分内容，它们是学习化学的重要工具。在前面的学习中，学生学习了原子的构成，以此作为基础，知道不同种类的原子其核内质子数不同，现在从微观角度对元素下定义，将宏观和微观的认识统一起来。但元素的概念比较抽象，因此对元素概念的理解尤为重要，本课题分成两个课时，第一课时主要讲解"元素"的内容，旨在让学生能够将元素的概念理解透彻。

三、教材素材分析

本课题属于理论概念类的主题。"元素"在整个九年级化学学习中起到承上启下的作用，所谓"承上"，是指学生在清楚认识到元素的概念之后，将物质的宏观组成与前面所学的微观构成联系起来，让学生对物质有更加深入的了解；"启下"则是为后面学习化学式与化合价、化学方程式奠定基础。

四、整体设计思路（如表 2-4-1）

表 2-4-1 "元素"整体设计思路

教学环节	教学主要内容	能力与素养发展
认识元素	在原子结构的信息引导下，让学生发现它们的异同点，从而推导出元素的概念	培养学生发现问题的能力
理解定义	拆解定义，利用典型判断题加强学生对定义的理解	通过对元素定义的理解，增强学生的分析能力
温故知新	将原子和元素进行对比与联系，让学生建立物质宏观组成和微观构成的认知	融会贯通，培养学生构建知识体系的能力
身边的元素	对元素与健康，地壳中含量较多元素进行讲解	将化学与生活，化学与其他学科相结合，体会化学的价值，加深学生对本节课知识的印象

五、教学过程

环节一：认识元素

【教师】音乐课上，我们最常见的是乐谱，一张张乐谱都是由音符组成的；英语课上，我们必然要学习单词，单词都是由字母组合而成的；提到数学课，当然就会想到数字，而组成庞大数据的也只是从 0-9 这 10 个数字而已。同学们，每一门学科都有着它们的代表符号。

【教师】化学研究的对象是物质，大家思考过物质是由什么组成的吗？

【学生】（猜想）

【教师】图片中鸡蛋壳，贝壳，大理石雕塑，他们的主要成分都是碳酸钙，而碳酸钙是由钙元素、碳元素和氧元素组成的。所以代表化学的符号是——元素！

【学生】观察图片，听老师介绍物质的组成。

【教师】元素这个名词最初起源于古希腊，而现代辞海上的解释为"元：基本。素：带有根本性的物质或事物的基本成分"。从字面上理解，元素就是指不易变化的基本成分。因此人们很早就意识到：所有物质都是由元素组成的。

那么到底什么是元素，希望今天的学习可以让大家进一步了解元素！

首先我们来认识一下元素。元素周期表前 20 号元素中有一些元素要为我们带来精彩演出，让我们来一睹为快吧！

（播放视频：元素燃烧）

【学生】观看视频。

【设计意图】

1. 点明主题，建立学科之间的关联。

2. 使新旧知识建立联系，体现知识的关联性。

环节二：理解定义

【教师】看完视频后，相信大家对元素已经充满了好奇，我们一起来学习元素的定义。

【教师】大家还记得相对原子质量的定义吗？

【学生】以一种碳原子质量的 1/12 作为标准，其他原子的质量与其相比较所得的比值。

【教师】在相对原子质量的定义中提到了"一种碳原子"，通过教材中的注释，我们知道这种碳原子叫碳 12，是指原子核内含有 6 个质子和 6 个中子的碳原子，除了这种碳原子以外，我们再来认识一下其他的碳原子。课件上给大家呈现了 3 种碳原子，碳原子 A 也就是碳 12，碳原子 B 的原子核内含有 6 个质子和 7 个中子，而碳原子 C 中含有 6 个质子和 8 个中子。

【教师】同学们有没有发现这三种碳原子的相同点在哪里？

【学生】质子数相同。

【教师】这三种不同的碳原子由于质子数相同，它们都被称为碳元素。因此我们可以得出元素的定义：具有相同质子数（即核电荷数）的一类原子的总称。

请大家阅读教材第 59 页，在元素的定义中找出关键词句。

【学生】仔细阅读，找出关键词。

【教师】这个定义中有三个关键要点，让我们来看看大家找的关键词都对不对。

【教师】（课件展示图 2-4-1）首先，要求同种元素的质子数必须相同，即元素的种类由质子数决定。

其次，只是质子数相同还不行，还必须是质子数相同的原子，不能是分子，也不能是原子团。

最后，元素是一类原子的总称，这说明元素是一个宏观概念，宏观概念都只讲种类，不讲个数。

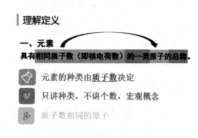

图 2-4-1　元素的定义

【教师】现在通过四道典型的判断题，让大家对元素的定义能够有更深层次，更透彻的理解。

【教师】（课件展示）

1. 质子数为 8，中子数为 8 的氧原子与质子数为 8，中子数为 9 的氧原子属于同一种元素。

2. 元素是核外电子数相同的一类原子的总称。

3. 同种元素的原子具有相同质子数，所以质子数相同的粒子也一定是同种元素。

4. 二氧化碳（CO_2）由碳和氧两个元素组成。

【学生】举手作答，并说出判断的理由。

【教师】（总结）关键词：同质子、类原子。

环节三：温故知新

【教师】到目前为止，人们已经发现了一百多种元素，而就是这一百多种元素组成了千千万万种物质，让我们来回顾一下之前学习的内容，请一位同学总结一下物质与分子和原子之间的关系。

【学生】物质由分子构成，分子由原子构成，物质也可以直接由原子构成。

【教师】我们今天知道了物质是由元素组成的，那么再结合之前我们学习的分子、原子的知识，你能构建出物质、元素、分子和原子之间的相互关系吗？请小组讨论，画出关系图。

【学生】（小组讨论并回答）元素与分子没有联系，元素是一类原子的总称，物质由元素组成。

【教师】（课件展示图 2-4-2）。

以水为例，我们一起来描述它的微观构成和宏观组成。

【学生】微观：水由水分子构成，水分子由氢原子和氧原子构成，一个水分子由两个氢原子和一个氧原子构成。

宏观：水由氢元素和氧元素组成。

|温故知新

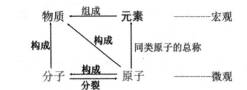

图 2-4-2 物质、元素、分子、原子之间的关系

【教师】在之前的学习中我们讲过，化学反应前后，分子种类发生了改变，原子种类不变，那么元素种类变化了吗？

【学生】（总结）化学反应前后：

改变：物质种类、分子种类。

不变：元素种类，原子种类。

【设计意图】

1. 培养学生的观察力、规范表达和分析问题的能力。

2. 讲练结合，通过四个判断题，让学生学会分析，辨识定义中的细节要点，从而加深对元素定义的理解。

环节四：寻找身边的元素

【教师】（视频：广告——哈药六牌钙铁锌）

视频中说服用一支就能补钙，补铁、补锌，这里的"钙""铁""锌"指的是什么?

【学生】元素。

【教师】元素就在我们的身边，阅读教材第60页的相关内容，了解一下地壳中、空气中、海水中以及生物细胞中都含有哪些元素?

【学生】地壳中：$O > Si > Al > Fe > Ca$

空气中含量最多的元素：N

海水中含量最多的元素：O

海水中最多的金属元素：Na

生物细胞中的元素含量：$O > C > H > N > Ca$

【教师】（趣味作业）利用所学的知识并查阅资料，从前20号元素中选取一种元素制作成元素扑克牌。

【设计意图】

1. 知识延伸，让学生在了解物质宏观组成和微观构成之后，学以致用，深入了解化学变化的本质。

2. 联系实际，将化学与生活，化学与地理、生物等学科结合起来，体现化学的价值，加深学生对本节课知识的印象。

教学实施过程中的反思及建议

1. 这节课的内容比较多，各个环节的时间都很紧张。

2. 一定要留给学生更多的时间思考，少讲多练，精选习题，充分巩固所学知识。

3. 注意对教材的研究，合理把握难易程度。

4. 整堂课的逻辑性较好，重点突出，课堂活跃，学生对知识的接受情况较好。

基于核心素养发展的探究式教学设计

——溶解度

一、教学基本信息

课　　题：基于核心素养发展的探究式教学设计——溶解度

关 键 词：溶液、酸碱盐

教　　材：人教版 2012 年版义务教育教科书《化学（九年级下册）》

二、教学内容分析

第九单元"溶液"属于课程标准中学习主题"物质的性质与应用"下的主题内容"常见的物质"和"溶液"的教学内容，是在九年级上册学习第四单元"自然界中的水"之后，对该主题的进一步学习，并为继续学习"酸、碱、盐"物质之间的反应做铺垫。本单元包括三个课题和一个实验活动，其中课题 2"溶解度"包括"饱和溶液"和"溶解度"两个部分，分三课时完成，第一课时为"饱和溶液"，第二课时为"固体溶解度"，第三课时为"气体溶解度"。本课题是第二课时——固体溶解度，学生已经学习了溶液的组成和基本特征，并对饱和溶液和不饱和溶液有了初步认识，这是在此基础上的学习，通过溶解度概念的学习和应用，将使学生对溶液的认识从定性转向定量，并对判断溶液状态，选择结晶方法，指导定性实验提供较好的数据分析，也为饱和溶液中溶质的质量分数的计算奠定基础，因此本课题起到了承上启下的作用。

三、教材素材分析

结合学生已有的知识和经验，通过实验探究、数据处理等手段，引导学生从宏观现象归纳出四个要点，整合成概念。通过探究溶解度曲线的绘制和运用，体会数据处理和表达在解决化学问题中的意义。

四、整体设计思路（如表2-5-1）

表2-5-1 "溶解度"整体设计思路

教学环节	教学主要内容	能力与发展素养
环节一 概念形成	以复习导入，设计比较不同物质溶解能力的实验，得出结论，形成固体溶解度的概念	培养学生实验探究、合作交流能力
环节二 概念理解	设计定量分析活动，从定量上判断溶液状态，理解并运用溶解度的概念	培养学生解决具体问题的能力
环节三 方法探究	引导学生处理数据，绘制溶解度曲线，结合几种物质的溶解度曲线，分析并得出规律	培养学生获取、分析、归纳信息的能力
环节四 解释运用	1. 从硝酸钾和氯化钠饱和溶液获得晶体的方法 2. 解释"夏天晒盐，冬天捞碱"蕴藏的化学奥秘	提升学生运用所学知识解决生活中的实际问题的能力

五、教学过程

环节一：形成概念

【教师】通过上节课的学习，同学们知道了溶液的两种状态，那什么是饱和溶液？什么是不饱和溶液？如何实现不饱和溶液与饱和溶液的相互转化呢？

【学生】一定温度下，一定溶剂里，不能再溶解某物质，称为该溶质的饱和溶液。能继续溶解该物质，则是不饱和溶液。通过升高温度、增加溶质、减少溶剂可以实现不饱和溶液转化成饱和溶液。

【教师】氯化钠和硝酸钾，哪种物质的溶解性更强呢？

【学生】猜测可能是氯化钠，也可能是硝酸钾。

【教师】有什么方法可以测定呢？

【学生】方案一：相同温度下，等质量的水，物质溶解得越多的，溶解性越好。

方案二：相同温度下，等质量的固体，加水刚好溶解完，需要的水越多，物质溶解性越差。

【教师】根据同学们的方案，接下来我们分组进行实验。

方案一的小组，分别取20mL水，比较氯化钠和硝酸钾最大的溶解量。

方案二的小组，分别取5g氯化钠和5g硝酸钾，加水刚好溶解完，比较加水的量。

【学生】分组操作，记录数据，汇报结果。

【教师】等量的水，氯化钠的溶解性比硝酸钾强一些。

【教师】刚才有的小组烧杯中存在未溶解的氯化钠和硝酸钾，如果加热，会有什么现象？

【学生】分组操作，汇报结果。

【教师】根据学生的操作，进行指导。

【教师】在一定温度下，一定的溶剂中，溶质的溶解量是有一定限度的，在化学上用溶解度来表示这个限度。

【教师】什么是固体溶解度？请同学们阅读教材。

【学生】（阅读教材）在一定温度下，100克溶剂中达到饱和状态时测得的溶质质量。

【教师】（板书）

1. 固体溶解度：一定温度

　　　　　　100g溶剂

　　　　　　达到饱和状态

　　　　　　溶解的质量

【教师】若没指明溶剂，一般为水。单位为克（g）。

【设计意图】引入课题，使学生初步形成溶解度的概念，理解溶解度的关键要点。

环节二：概念理解

【教师】根据溶解度定义，请同学们解释下面这句话的意思。

"20℃时，氯化钠的溶解度是36.0g。"

【学生】在20℃时，用100g的溶剂去溶解氯化钠，得到饱和溶液时，氯化钠的溶解量是36.0g。

【教师】如果我们知道氯化钠和水的质量，能否判断该溶液的状态是否饱和（如表2-5-2）？

表2-5-2　判断溶液是否饱和

温度	溶解度	氯化钠	水	溶质与溶剂质量之比	是否饱和
20℃	36g	36g	100g	36∶100	
20℃	36g	72g	200g	36∶100	
20℃	36g	20g	100g	20∶100	

续表

温度	溶解度	氯化钠	水	溶质与溶剂质量之比	是否饱和
90℃	39g	39g	100g	39：100	
90℃	39g	30g	100g	30：100	
90℃	39g	40g	50g	80：100	

【学生】回答。

【教师】从表格 2-5-2 中可以看出，在 20℃时，氯化钠的饱和溶液中，溶质与溶剂的质量比是个定值。不同温度，氯化钠的溶解度不同。

【设计意图】深度理解概念，灵活运用，分析数据。

环节三：方法探究

【教师】科学家通过实验的方法测出了物质在不同温度下的溶解度，这种方法称为列表法。

展示教材给出的四种物质的溶解度（如表 2-5-3）。

表 2-5-3 几种物质在不同温度时的溶解度

温度 /℃		0	10	20	30	40	50	60	70	80	90	100
溶解度 /g	NaCl	35.7	35.8	36.0	36.3	36.6	37.0	37.3	37.8	38.4	39.0	39.8
	KCl	27.6	31.0	34.0	37.0	40.0	42.6	45.5	48.3	51.1	54.0	56.7
	NH₄Cl	29.4	33.3	37.2	41.4	45.8	50.4	55.2	60.2	65.6	71.3	77.3
	KNO₃	13.3	20.9	31.6	45.8	63.9	85.5	110	138	169	202	246

依据此表，我们能够获得哪些信息？

【学生】四种物质的溶解度随温度的升高而增大。

【教师】我们可以直接查找硝酸钾在 80℃时的溶解度多少克？

【学生】169g。

【教师】同学们能根据此表，确定在 25℃时硝酸钾的溶解度吗？

【学生】不能直接得出数据。

【教师】刚才同学们说四种物质的溶解度随温度升高而增大，那四种物质的溶解度增大趋势一样吗？

【学生】不一样。

【教师】这个列表法，不能完全展示所有温度下的溶解度，请问还有其他方法进行表示吗？

【学生】我们可以画出溶解度随温度变化的图像。

【教师】以温度为横坐标，溶解度为纵坐标，根据以上表格的数据，至少要取6个点，画出四种物质的曲线。

【学生】分组在老师提供的几何纸上绘制溶解度曲线，并展示。

【教师】在25℃时，氯化钠和硝酸钾的溶解度分别是多少？

【学生】氯化钠的溶解度是33g，硝酸钾的溶解度是38g。

【教师】根据溶解度曲线，我们可以得出不同温度下的溶解度。能否看出硝酸钾和氯化钠，哪个溶解能力更强？

【学生】氯化钠和硝酸钾的曲线有交点，在交点之前，氯化钠的溶解性更好，而在交点之后，硝酸钾的溶解性更好。

【教师】曲线与曲线的交点表示了两物质在某温度时有相同的溶解度。

【教师】展示多种物质的溶解度曲线。固体物质的溶解度随温度变化有何规律？举例说明。

【学生】大多数物质的溶解度随温度而增大，如硝酸钾；少数物质的溶解度受温度变化的影响很小，如氯化钠；极少数物质的溶解度随温度的升高而减小，如氢氧化钙。

【教师】（板书）2.表示：

列表法——溶解度表

作图法——溶解度曲线

【设计意图】

通过定量分析的活动，使溶液状态判断从定性实验向定量分析转变，实现了学生对溶解度概念的理解运用。

环节四：解释运用

【教师】那我们采用什么方法可以从硝酸钾饱和溶液中得到大量硝酸钾晶体呢？而从饱和食盐水中获得食盐晶体采用什么方法？

【学生】获得硝酸钾晶体采用降温结晶，获得实验晶体采用蒸发结晶。

【教师】我国有许多盐碱湖，湖水中溶有大量的氯化钠和纯碱，那里的人们习惯"夏天晒盐，冬天捞碱"，大家知道为什么吗？

【学生】"夏天晒盐"：氯化钠的溶解度受温度影响不大，夏天温度高，水分蒸发快，氯化钠易结晶析出。

"冬天捞碱"：碳酸钠的溶解度受温度影响大，冬天温度低，碳酸钠易结晶析出。

【教师】本节课学习了固体溶解度的概念，两种处理数据的方法——列表法和作图法，以及溶解度曲线的应用。

【教师】（板书）3.应用：

判断溶液状态

选择结晶方法

【设计意图】

1.通过回顾旧知，为后续学习做铺垫。

2.通过实验，帮助学生经历从感性认知到理性建构的概念形成过程，突破难点。

3.提升总结溶解度的四因素，帮助学生理解溶解度概念。

4.根据溶解度表提供的数据绘制溶解度曲线，学习数据处理的两种方法；比较物质溶解度的强弱，总结溶解度随温度变化规律，提升学生获取、分析、转换、应用信息的能力。

5.通过联系实验和生活实际，用所学的知识解释现象，突破本课重难点。

教学实施过程中的反思及建议

反思：在表格中展示多种物质在不同温度下的溶解度时，老师提问能否确定在25℃时，硝酸钾的溶解度，自然引出溶解度曲线，让学生认识到溶解度数据表的优缺点，培养学生的分析、观察能力。

建议：

1.本节的实验环节可以深入挖掘一些信息，比如学生实际操作中的两种物质恰好溶解怎么判断等。

2.教学设计还可以更严谨些，给学生预留更多的活动时间。

生产生活中常用的化学反应
——酸和碱的中和反应

一、教学基本信息

课　　题：生产生活中常用的化学反应——酸和碱的中和反应

关 键 词：中和反应、实验探究、核心素养

教　　材：人教版 2012 年版义务教育教科书《化学（九年级下册）》

二、教学内容分析

酸和碱之间能发生中和反应，而且，中和反应在实际中有广泛的应用，所以，教材不是简单地介绍酸和碱的性质，而是综合起来专门编成一个课题来说明。学生已经学习了酸和碱的一些性质，教材通过实验来讲解中和反应比较自然，所以，本课题从实验入手来认识中和反应。关于中和反应的应用，教材从酸碱性的角度说明了它在实际中的应用价值。

从教材体系来看，中和反应既是对酸碱化学性质的延续和深化，同时又引出另一类化合物——盐，所以起着承上启下的作用。从教育目的看，中和反应在生产生活实际中具有广泛的应用，研究它，更具有现实意义，能更好地体现化学走向生活又服务于生活的理念。

三、教材素材分析

药店中的胃药复方氢氧化铝片，适应症为用于缓解胃酸过多引起的胃痛、胃灼热感（烧心）、反酸，也可用于慢性胃炎。本品为复方制剂，每片含主要成分氢氧化铝 0.245 克、三硅酸镁 0.105 克、颠茄流浸膏 0.0026 毫升。辅料为：淀粉、糖精、

薄荷脑、泪石粉、硬脂酸镁。本品为抗酸药氢氧化铝、三硅酸镁与解痉药颠茄流浸膏组成的复方，前二者可中和过多的胃酸，后者既能抑制胃液分泌，解除胃平滑肌痉挛，又可使胃排空延缓。本节课选择常见胃药氢氧化铝与胃酸是否反应？为什么会发生反应？这种反应有什么应用？通过胃药中的化学知识将中和反应中相关知识联系起来，培养学生提出问题、解决问题的能力和相应的学科素养。

四、整体设计思路（如表2-6-1）

表2-6-1 "酸和碱的中和反应"整体设计思路

教学环节	问题驱动	知识目标	能力与素养发展
环节一明理	胃药的作用原理之是什么	中和反应的概念	通过探究活动的设计，培养学生发现问题、解决问题的能力以及科学探究的意识
环节二析理	胃药的作用原理之为什么	中和反应的实质	通过对反应前后粒子的分析，认识中和反应发生的本质，从而培养学生宏观辨识和微观探析的素养
环节三用理	胃药的作用原理之怎么用	中和反应的应用	通过回顾本节课的内容，让学生感受化学与生活的密切联系，从而培养学生运用所学解决生活问题的意识和能力

五、教学过程

环节一：胃药的作用原理之是什么

【教师】展示：重庆美食宣传微视频

【教师】相信同学们和我一样，在美食面前毫无抵抗力可言，或多或少出现过"暴饮暴食"的情况。如果食物摄入过多，将会导致我们的肠胃不舒服。这时，可能就要借助胃药来帮我们缓解不适。老师上网搜了一种常见的胃药，也查了它的说明书（如图2-6-1），这种胃药的主要成分是氢氧化铝，用于缓解胃酸过多引发的胃都不适……

【教师】你知道为什么氢氧化铝能缓解胃酸过多吗？胃酸中主要含有什么物质？

【学生】猜想：胃酸可能与氢氧化铝发生了反应。回答：胃酸中主要含盐酸。

【别名】复方氢氧化铝，胃舒平
【外文名】Compound Aluminium Hyclroxide
【主要成分】氢氧化铝
【用法及用量】成人口服：2～4片次，一日3～4次。
【作用与用途】本品有中和胃酸、减少胃液分泌和解痉止疼作用，用于胃溃疡用胃酸过多症
【注意事项】本品应饭前服用或胃疼发作时嚼碎服用。

图2-6-1 胃药说明书

【教师】提问：如果这个反应能发生，你能不能尝试着写出该反应的化学方程式？

追问：氢氧化铝是一种碱，氢氧化钠也是碱，那么，是否能用氢氧化钠代替氢氧化铝来解决胃酸过多的问题呢？

【学生】书写方程式，思考。回答：不能，氢氧化钠具有腐蚀性，会损害人体健康。

【教师】提问：氢氧化钠是否能和盐酸反应？

演示：氢氧化钠与稀盐酸反应的实验。

追问：该实验没有明显的现象，那该怎样判断该反应确实发生了呢？

【学生】思考，回答：可以在氢氧化钠溶液中预先加入指示剂，再加酸，通过指示剂颜色的变化来判断反应是否发生了……

【教师】在大家的台面上放有相关的实验药品和仪器，以小组为单位，先小组内交流该如何操作，并将实验方案记录下来。两分钟后，我们请小组进行成果展示，确定好步骤再动手实验。

【学生】设计方案，成果展示，动手实验。

【教师】请同学们分析以下几个问题：

①指示剂有什么作用？

②加入稀盐酸时，为何要用胶头滴管逐滴滴加？

③实验过程中为何要用玻璃棒不断搅拌？

④能否用紫色石蕊试液代替无色酚酞溶液？

⑤能否调换顺序（往稀盐酸中滴加氢氧化钠溶液）？

【学生】小组讨论，汇报答案。

【教师】其他的酸和碱是否也能发生类似的反应呢？同学们请根据所提供的药品、仪器和用品设计实验方案。

药品：稀盐酸、稀硫酸、氢氧化钠溶液、氢氧化钙溶液、氢氧化钾溶液、酚酞溶液、石蕊溶液、蒸馏水等。

仪器和用品：烧杯、试管、滴管、塑料杯等。

【学生】设计实验方案，成果展示。

【板书】

$NaOH+HCl=NaCl+H_2O$

$Ca(OH)_2+2HCl=CaCl_2+2H_2O$

$2NaOH+H_2SO_4=Na_2SO_4+2H_2O$

【教师】同学们注意观察这些反应的方程式，生成物中有何共同点？另一种物质你们熟不熟悉，属于哪一类？

【教师】酸和碱反应，生成盐和水的反应叫作中和反应。

【教师】提问：生成盐和水的反应一定是中和反应吗？

【学生】思考，回答：（不一定，如二氧化碳和氢氧化钙反应会生成碳酸钙和水，氧化铁和盐酸反应生成氯化铁和水，生成物的类别属于盐和水，但反应物还必须得是酸和碱）。

【设计意图】

1.用美食与胃药创设情景，将整堂课的知识点串联起来。拉近生活和学科知识的距离，激发学生的学习兴趣，引入课题。

2.通过氢氧化铝和稀盐酸反应引出是否所有的碱和酸都能发生反应，进而设计实验，探究氢氧化钠和盐酸能否反应。

环节二：胃药的作用原理之为什么

【教师】提问：酸和碱为什么能发生类似的反应呢？

追问：是否和它们的微观构成有关？

下面就让我们从微观的视角出发，一起来探究酸和碱反应的实质。

以氢氧化钠和稀盐酸反应为例，请大家写出氢氧化钠和氯化氢在水溶液中的存在形式（即解离出的离子符号）。

【学生】写出对应的离子符号（Na^+ OH^- H^+ Cl^-）。

【教师】展示：反应的微观示意图。

提问：当它们恰好完全反应后，此时溶液中有哪些粒子？

对比反应前，哪些粒子消失了？哪些粒子增加了？哪些粒子没有变化？

【学生】思考回答：（完全反应后：Na^+ Cl^- H_2O；反应前后：H^+ 和 OH^- 消失了，增加了 H_2O，Na^+ Cl^- 没有变化）。

【教师】请同学们将反应前后的粒子写出，并标明个数，用等号连接，然后将反应前后没有变化的粒子画去，最后得出的式子即为酸碱中和反应的微观本质。

【学生】写出对应的式子（$H^+ + OH^- = H_2O$）。

环节三：胃药的作用原理之怎么用

【教师】明确了中和反应发生的实质，我们就能轻松解释胃药能够治疗胃酸过多的原因，那么中和反应在日常生活和生产等其他领域，有没有其他应用呢？请大家阅读课本并勾画出关键信息。

【学生】阅读课本，勾画信息，回答问题：改良土壤的酸碱性，处理工业废水，调节溶液的酸碱性，用醋酸除水垢，蚊虫叮咬涂肥皂水，洁厕灵、厨房清洁剂、洗发水、护发素的使用等。

【教师】同学们，本节课让我们更加深刻地感受到学习化学知识可以解决生产、生活中的很多问题。通过本节课的学习，你有哪些收获呢？我们一起来小结。

【学生】谈谈这节课印象最深刻的地方是什么。

【设计意图】

1. 通过提供多种不同的碱和酸以及指示剂等实验药品和相关仪器，请同学们自己设计实验来验证。这种探究活动的设计可以培养学生提出问题、解决问题的能力以及科学探究的意识等学科素养。

2. 通过之前所学的化学反应的回顾，学生能够明确酸和金属氧化物、碱和非金属氧化物的反应也是生成盐和水的反应，但是这些反应都不是酸和碱发生的，因而不是中和反应。教师通过这一问题的设计和引导，能够加深学生对中和反应的理解。

3. 通过对反应前后粒子的分析，学生能够从微观角度思考该反应发生的本质是什么。这也就将宏观辨识和微观探析有机结合起来，从而提升学生的化学学科核心素养。

4. 总结提升，通过回顾本节课的内容，学生能感受到化学跟生活的密切联系，从而能够鼓励学生运用所学知识解决生活问题的意识和能力。

教学实施过程中的反思及建议

1. 教师在教学中要充分发挥教材的作用，备课时重视教材，但又不能局限于教材，要结合所教学生的学情，适当对教材进行挖掘和拓展。例如，遇到没有明显现象的化学反应（氢氧化钠溶液与二氧化碳的反应），欲证明反应的发生，其证明的一般思路和方法未能渗透。

2. 在处理较为生活化的学科知识时，教师可在课前布置任务，让学生查找相关资料，课堂上给予一定的时间讨论和交流，让学生进一步了解化学与我们的生活息息相关，学好化学可以更好地为人类服务，以更充分地体现化学学科的育人价值。

3.在设置实验探究环节时，应遵循知识的逻辑顺序和学生的认知及心理发展顺序，层层递进，环环相扣，从个别到一般，真正做到不仅要"授之以鱼"，还要"授之以渔"。

第三章

从经验摸索到科学研究——方法工具

新课程实施以来，化学实验和科学探究成为化学教学研究和实践的重要手段和话题，要求初中学生必须了解化学实验和化学科学探究的重要性，掌握科学探究的一般步骤和方法，能进行简单的陌生情景下的科学探究。教师对科学探究需要从理论接纳到课堂实践，再到教学行为转化。在现实课堂中，关于教学本质的探究和新要求，以学生素养发展为本的科学探究必定会是未来工具方法类课程的重要手段。

科学探究能力是学生的主要学习能力之一，对于学生的发展有着不可或缺的作用，鉴于实验对培养学生科学探究能力的重要性，在当前的新课改背景下，教师应当结合新课程标准理念，在初中化学的教学中，结合时代发展变化的需求，全面提升学生的科学探究能力，重视实验教学才能促进学生化学素养的提升。因此，教师要从增加重视程度，明确教学目标，激发学生的实验学习兴趣，增加探究型实验，培养科学探究能力，强化问题情境应用，提升其有效性等方面着手，切实注重学生科学探究能力的培养。

化学是一门建立在实验基础上的学科。从根本上讲，实验教学对于学生的实践能力、探索能力和科学探究能力的培养是极其重要的。作为现代的初中化学教师，在新课程改革的大背景之下，应当通过重视实验教学，树立与时俱进的教学理念，全面提升学生的化学素养。而从实际课堂教学来看，实验教学在当前初中化学中的实施情况并不乐观，如考试压力使实验教学出现很多问题，实验教学的实施难以适应时代发展变化的需要等。作为化学教师，一定要深刻认识到当前初中化学实验教学所存在的问题，并结合时代发展理念，创新实验教学，并以培养学生科学探究能力为目的，实现良好的教学效果。

在实验教学中培养学生的科学探究能力的重要性虽然是大部分教师都知道的，但是在实际教学中，经常存在草草了事的现象，这主要是因为很多时候，化学实验的开展难度较大，学生操作起来较为烦琐，导致初中化学实验具有较强的形式性，使得学生参与实验的机会较少，经常被动地参与实验，极大地影响了实验教学的效果。部分教师并没有意识到实验教学的重要性，或是将实验作为一种教学任务，只是完成每个步骤，而并没有关心它所取得的实际成效，这与教师不明确实验教学的目标有关。为促进实验教学的开展，就必须明确实验教学的目的。

初中化学实验的实施，主要是为了强化学生的科学探究能力，在实验中学习化学知识与原理，并通过实验强化化学素养。学生既要学会利用化学实验来检验化学原理，又要将其与实际生活进行紧密结合，这样才能更好地适应新课改的需求。

在实验教学的基础上，还要激发学生的实验兴趣，促进实验教学的开展。而这就需要教师紧密结合教学的内容，采取针对性的方式引导和帮助学生进行实验，在实验中激发学生的兴趣，促进学生快乐地参与化学实验。

实验报告初体验

——化学是一门以实验为基础的科学

一、教学基本信息

课　　题：实验报告初体验——化学是一门以实验为基础的科学

关 键 词：蜡烛、探究方法、实验报告、科学精神

教　　材：人教版 2012 年版义务教育教科书《化学（九年级上册）》

二、教学内容分析

　　"化学是一门以实验为基础的科学"是人教版（2012 年版）《化学（九年级上册）》第一单元课题 2 的内容。本课题旨在说明化学是一门以实验为基础的科学。以源于生活和生产实践的化学历来都重视实验这一事实，以及部分重大的发现和理论的诞生均是基于化学实验而来这一现象，化学实验仪器的发明与改进和化学实验方法的优化与进步也为获得化学知识、推动化学学科的发展做出了贡献，让学生对化学实验形成初步的印象，并重视化学实验。通过对蜡烛及其燃烧的探究，加深学生对化学学科实验属性的认识和体验。蜡烛及其燃烧的探究活动是从生活中提炼出来的，学生并不会感到陌生。在化学课堂上，学生在教师的指导下进行探究，从而获得启迪。

　　在蜡烛及其燃烧的探究实验中，着重强调学生对观察、记录和描述实验方法的学习。分别对蜡烛在点燃前、点燃时和熄灭后三个实验阶段进行观察，强调运用多种感官去"观察"实验，使学生对化学变化及其现象进行系统、全面和仔细的描述，同时了解探究（或实验）报告的基本格式和内容，对观察结果进行客观、准确和完

整的记录。在探究活动中，教师要通过引导学生归纳和总结化学的学科特点，即观察的重点放在物质的性质、物质的变化、物质变化的过程以及对结果的解释和讨论上，对化学的学习方法和实验探究的一般方法进行指导。

三、教材素材分析

义务教育化学课程标准（2022 年版）这样解释核心素养内涵：科学探究与实践是指经历化学课程中的实验探究，基于学科和跨学科实践活动形成的学习能力；是综合化学等学科的知识和方法，通过一定的技术手段，在解决真实情境问题和完成综合实践活动中展现的能力与品格。

课程标准中的课程内容也要求学生：知道科学探究是收集证据做出解释，进行发现、创造与应用的科学实践活动，也是获取科学知识、理解科学本质、认识客观世界的重要途径；知道化学实验是进行科学探究的重要方式，具备基本的化学实验技能是学习化学和进行探究活动的基础和保证。要求学生能正确选取实验试剂和仪器，依据实验方案完成必做实验，并能全面、准确地记录实验过程和现象；能说明必做实验的基本思路与方法，分析实验实施的合理性，能体现严谨求实、敢于质疑的科学态度；能基于必做实验形成的探究思路与方法，结合物质的组成及变化等相关知识，分析解决真实情境中的简单实验问题。

由此我将通过师生对话，并以问题进行驱动，引导学生思考，让学生在实践探究活动中学习。

四、整体设计思路（如表 3-1-1）

表 3-1-1 "化学是一门以实验为基础的科学"整体设计思路

提出任务	设计实验	进行实验 记录现象	分析现象 得出结论	归纳总结
蜡烛有怎样的结构和性质？	用小刀切蜡烛并将蜡烛放在水中	容易切割；蜡烛浮于水面	蜡烛硬度小；蜡烛的密度比水小	
蜡烛火焰温度如何？燃烧后生成什么？	小木条；澄清石灰水；干燥烧杯	两端黑，中间不黑；浑浊；水雾	外焰温度最高；二氧化碳和水	从蜡烛燃烧总结出探究实验的一般过程
蜡烛熄灭后有什么现象？	熄灭蜡烛；用火柴点白烟	有白烟；白烟被点燃，蜡烛复燃	固态石蜡液化再汽化最后燃烧	

五、教学过程

环节一：简述化学实验的重要性

【教师】讲述葛洪炼丹的故事：东晋末年，道教开始盛行……葛洪就是其中的一位著名炼丹家。……他更注重知识的积累，读了很多医学和炼丹方面的书。……那些红红黄黄、大大小小的材料（矿物），在丹炉里发出滋滋的声音（HgS 和 O_2 反应），炉里渐渐飘散出一股难闻的气味（SO_2）。葛洪起初还能勉强忍受，但后来他的脸色渐渐变红，开始头昏脑涨起来（SO_2 中毒）。……葛洪跑到门外透了一会儿气，等他稍稍清醒了一些后，他又跑进屋里继续守着炼丹炉。……世上根本就没有这种仙药。它的学名叫硫化汞（HgS），就是丹砂经火烧炼后，形成的一种物质。葛洪虽然没能炼出金丹，但他在炼丹过程中取得的成果，为我国的化学和医药行业积累了丰富的经验。

【学生】仔细聆听，思考故事中的化学知识。

【教师】课件展示：他们发明了许多实验器具及一些分离物质的方法，如过滤、蒸馏等，同时也积累了大量的化学知识，为化学发展成为一门科学做出了贡献。

【教师】小结：实验是学习化学的一条重要途径。通过实验以及对实验现象的观察、记录和分析等，可以发现和验证化学的原理，学习科学的方法并获得新的化学知识。

【教师】提出问题：如何进行实验、观察实验、分析实验呢？以生活中常见的蜡烛燃烧为例，利用视、听、嗅、触等感官，从蜡烛的点燃前—燃着时—熄灭后三个实验阶段来探究学习，进行蜡烛燃烧化学实验。

【学生】思考问题。

【设计意图】

1. 通过历史故事，让学生对化学实验产生兴趣。

2. 让学生感受化学实验在化学发展历程中的作用，了解化学实验的重要性。

3. 从学生熟悉的事物入手，激发学生对探究实验的兴趣。

环节二：对蜡烛燃烧的探究

【教师】过渡：生活中，我们曾多次点燃和熄灭蜡烛。同学们对蜡烛的燃烧有仔细观察过吗？

【教师】实验探究 1：调动学生看、嗅、触等感官，观察桌面上的蜡烛。

【学生】仔细观察蜡烛。

【教师】提问：蜡烛有怎样的结构？请说出蜡烛具有哪些性质？

【学生】思考，回答问题：蜡烛由石蜡和棉线组成。乳白色圆柱形固体，无味，可燃烧。

【教师】实验探究 2：我们可以通过哪些实验证明蜡烛的其他性质呢？请利用老师提供的实验器材，设计并完成实验。

【学生】小组合作，设计实验，书写实验报告（如表 3-1-2）：1. 用小刀切蜡烛—很容易—蜡烛硬度小；2. 把切下来的蜡烛放入水中—蜡烛浮于水面—蜡烛密度比水小，不溶于水，不与水反应。

表 3-1-2　蜡烛实验报告

步骤和方法	现象	分析

【教师】小结：通过自身感官可了解到物质的部分性质，若借助实验的验证，可多方面地掌握物质更多的性质。

【教师】提问：蜡烛燃烧时可能发生了哪些变化？火焰情况如何？

【教师】实验探究 3：请学生观察蜡烛燃烧时状态变化及火焰颜色。

【学生】小组合作，仔细观察燃着的蜡烛并讨论。回答：蜡烛燃烧时，由固态变成液态，有淡黄色火焰，火焰分三层，放出热量。记录实验现象。

【教师】提问：蜡烛燃烧时，各层火焰的温度是否相同？

【教师】实验探究 4：请学生设计实验，说明蜡烛燃烧时各层火焰温度的情况，并撰写实验报告。

【教师】探究引导：用木条按照图 3-1-1 的方法，来探究蜡烛三层火焰的温度。

【学生】小组合作，尝试进行实验，比较不同层火焰的温度，不同小组得到不同的实验结果。

【教师】课件展示（如表 3-1-3）：

图 3-1-1　蜡烛火焰温度实验

表 3-1-3　蜡烛火焰温度实验结果

步骤和方法	现象	分析
将小木条平放入火焰中，约2秒后取出。	小木条处在火焰最外层的部位最先变黑，第二层次之，最里层变黑最慢。	外层火焰温度最高，第二层次之，最里层温度最低。

【教师】提问：蜡烛燃烧后的物质到哪儿去了？如何验证？

【教师】课件展示（如图 3-1-2）：

> 资料卡片　二氧化碳可以使澄清石灰水变成白色混浊液。

图 3-1-2　补充知识点

【学生】讨论、思考问题，设计产物的验证方案并在小组内交流，得出方案：1.在蜡烛的火焰上方罩个内壁沾有澄清石灰水的烧杯—澄清石灰水变浑浊—蜡烛燃烧有二氧化碳生成；2.在蜡烛的火焰上方罩个干燥的烧杯—烧杯内壁产生水雾—蜡烛燃烧有水生成。

【教师】小结：蜡烛在燃烧过程中发出淡黄色火焰，且火焰的最外层温度最高，同时生成水和二氧化碳。

【教师】提问：蜡烛熄灭后会有怎样的现象？

【教师】实验探究 5：熄灭蜡烛，然后仔细观察发生的现象。

【学生】思考，预测，小组合作完成实验，并认真观察刚熄灭的蜡烛：蜡烛刚熄灭时，烛芯上方有一缕白烟产生。

【教师】探究引导：用燃烧的火柴去点蜡烛刚熄灭时产生的白烟（如图 3-1-3）。

【学生】观察，归纳现象：白烟燃烧，且蜡烛复燃。

【学生】思考、推测出白烟不是二氧化碳，不是水（这两种物质均不能燃烧）。

【学生】交流、讨论：石蜡熔化、汽化说明石蜡的熔点、沸点低。蜡烛燃烧的过程中既有物理变化又有化学变化。

图 3-1-3　蜡烛复燃实验

【教师】小结：白烟是石蜡蒸气凝结成的石蜡固体小颗粒，蜡烛燃烧的过程是：

$$固态石蜡 \xrightarrow{熔化} 液态石蜡 \xrightarrow{汽化} 石蜡蒸气 \longrightarrow 燃烧$$

【设计意图】

1. 培养学生仔细观察物质的意识。

2. 让学生主动探究，形成探究思维。培养学生通过分析实验现象，得出结论的能力和习惯；引导学生初步形成观察物质的一般思路，学会在实验中发现问题并解决问题。

3. 了解实验报告的书写。学生通过合作探究完成蜡烛的外焰和焰芯温度的比较，以及对蜡烛燃烧产物的验证，进一步强化根据实验目的设计实验方案的能力，进一步熟悉实验报告的书写格式；在讨论过程中培养对所获得的事实与证据进行归纳，得出正确的结论的能力。

4. 帮助学生明确现象和结论的区别，掌握实验报告正确的书写方法。

5. 引导学生通过蜡烛熄灭后的进一步实验，领悟要学会观察实验中一些容易被忽视的细节，培养学生积极思维的习惯。

环节三：总结归纳

【教师】提问：通过探究蜡烛燃烧这个实验，同学们发现在化学的学习过程中应该关注什么？

【学生】思考、小组讨论交流后得出结论：1. 关注物质的性质和变化；2. 关注物质变化过程以及对结果的解释和讨论。

【教师】过渡：在化学实验过程中，要对实验的操作、现象如实记录，并对现象进行分析，推理出结论。

【教师】实验探究6：请同学们按课本第13页的"探究（实验）报告"的格式（如表3-1-4），对蜡烛燃烧实验进行整理、记录和分析。然后进行小组讨论和展示，根据小组意见，修改、完善实验报告。

【教师】课件展示：

表 3-1-4　探究（实验）报告格式

探究目的	操作步骤	实验现象	分析结论

【学生】分析，撰写实验报告，修改实验报告。

【教师】总结：科学探究的一般过程：1. 提出问题；2. 设计实验；3. 进行实验

并记录实验现象；4.分析现象并得出结论。

【设计意图】

1.引导学生总结学习化学的规律，深入理解化学学习的特点和实验对学习化学的重要性。

2.让学生系统地掌握化学实验探究的一般方法。

教学实施过程中的反思及建议

1.要以学生为主体，让学生积极参与实验思考与探究，重点引导学生操作、观察、描述、记录实验，创设学生展示的空间。

2.可开发家庭小实验（母子火焰），将课堂教学延伸至课外，对激发学生的学习兴趣、巩固所学知识有一定作用。

3.引导学生关注蜡烛燃烧时产生黑烟的现象，引发学生思考。学生课后设计实验方案并进行解释，培养学生的能力。

用化学方法获取物质

——制取氧气

一、教学基本信息

课　　题：用化学方法获取物质——制取氧气

关　键　词：氧气、研究方法、科技兴国、化学发展史

教　　材：人教版 2012 年版义务教育教科书《化学（九年级上册）》

二、教学内容分析

"制取氧气"是人教版（2012 年版）《化学》九年级上册第二单元课题 3 的内容。本课题是学生练习了实验基本操作后接触到的第一个关于气体制取的实验。学生学习了药品取用、仪器连接、加热、气体收集等基本操作，又认识了纯净物与混合物的区别，了解氧气的性质，渴望能自己制备一瓶纯净的氧气，但并不知道如何获得纯净的氧气。本课是气体制备的起始课。通过学习实验室制取氧气的原理和方法，初步认识气体制备的一般方法和基本操作及注意事项。

"制取氧气"承担的教学功能主要有：

1. 学习获取氧气的方法；

2. 通过化学反应实验，培养学生发现问题、敢于质疑、善于求证、严谨求学的科学态度；

3. 从实验细节中发现问题，能通过对比实验初步分析二氧化锰在过氧化氢分解反应中的作用，得出催化剂和催化作用的概念，了解催化剂在化工生产中的应用；

4. 学会做对比实验，发现实验室制取氧气的各种方法的优势，对比实验原理，得出分解反应的概念；

5. 培养学生观察能力、分析能力和实验动手能力，让学生在合作、交流的环境中去主动获取新知识，掌握并运用新知识，为今后学习其他气体的制取打下良好的基础。

三、教材素材分析

本课题在教材中有承前启后的作用。

承前：在教材的知识体系中，本课与前面的仪器操作、氧气的性质等知识有紧密的联系。本课题是典型的物质制取课，是学生通过化学反应获取新物质的初体验，是气体制备的起始，也是对化学基本实验操作的综合应用的开端。

启后：本节课的学习为第六单元课题2——"二氧化碳制取的探究"做了铺垫，因此，教学内容的关键是让学生初步了解和掌握气体制备的基本流程和方法，在动手操作中体会实验原理与实验装置之间的制约关系，培养科学严谨的态度，为今后学习二氧化碳的制取奠定基础，这对于高中阶段的化学学习有着重要的影响。同时，气体制备的实验室操作也是中考考试的内容之一。

四、整体设计思路（如表3-2-1）

表 3-2-1 "制取氧气"整体设计思路

教学环节	教学主要内容		能力与素养发展
环节一 人类获取氧气的发展史	缘起——舍勒偶然发现氧气 相识——拉瓦锡确定氧气含量 运用——利用空气分离氧气 发展——成熟的空分技术运用到海陆空		认识化学研究对社会发展的重大价值，培养学生的科学态度和社会责任感
环节二 实验室高锰酸钾制氧气	制作步骤	实验室用高锰酸钾制取氧气的实验步骤（茶庄定点收利息） 注意事项（排空气法和排水法的优点、棉花的作用） 检验和验满的区别	通过对高锰酸钾制取氧气过程的学习，培养学生学习技能性知识的能力，观察现象发现问题和获取信息解决问题的能力
	检验和验满		
	注意事项		
环节三 催化剂的概念及作用	对比实验探究二氧化锰的作用 理解催化剂的概念 催化剂的特征		通过过氧化氢溶液分解制取氧气的对比实验，培养学生对比分析信息、演绎推理、归纳总结的能力
环节四 分解反应	分解反应的概念 分解反应的特征		培养学生用对比分析法理解记忆化学的重要概念

五、教学过程

环节一：人类获取氧气的发展史

【教师】导入新课：想知道氧气是怎样制得的吗？

【教师】（板书）一、工业制法：分离液态空气法

【教师】课件展示：从舍勒偶然从氧化物中获取氧气到人工制取氧气。

【学生】观看图片，思考：

1. 人们为什么孜孜不倦地寻求制取氧气的方法？

2. 工业制备氧气的特点？

特点：量大，设备要求高，成本低。

【设计意图】

1. 直接导入主题，使学生明确本节课的首要任务。

2. 让学生体会在科学研究的道路上从来只有披荆斩棘，迎难而上，为了人类更美好的生活，我们一直在努力！

环节二：实验室高锰酸钾制氧气

【教师】过渡：同学们已经初步感受到了获取氧气的不易，那么实验室如何简单快捷地获取氧气呢？

【教师】板书：二、实验室制法

【学生】阅读课文 P37—P38，了解实验室制取氧气的反应药品及原理。

【教师】讲解：实验室常用分解过氧化氢溶液或加热氯酸钾或加热高锰酸钾的方法制取氧气。

【教师】板书：1.加热高锰酸钾制取氧气

【教师】提问：科学进步需要大胆质疑，小心求证，学习亦然！高锰酸钾制取氧气的实验中，可以通过什么现象判断产生了氧气？

【学生】认真思考，回答问题：1.如何判定产生了气体？

2. 如何判定气体就是氧气？

【教师】课件展示：

1.①实验药品：高锰酸钾，一种暗紫色的固体，它受热时，分解放出氧气；

②实验器材：发生装置有酒精灯、试管、铁架台、带有橡胶塞的导管；收集装

置有集气瓶、玻璃片、水槽。

2. 实验原理：

反应的文字表达式：高锰酸钾 $\xrightarrow{\text{加热}}$ 锰酸钾 + 二氧化锰 + 氧气。

3. 气体发生装置选择原则：①反应物的状态；②反应条件。

4. 气体收集方法选择原则：①气体的水溶性；②气体的密度。

【教师】演示实验1：完成实验2—5。

【学生】根据所给药品和实验仪器，结合信息，帮助老师选择仪器进行组装，制备氧气。

【教师】课件展示：

5. 实验操作步骤：

①查：首先组装好装置并检查装置的气密性；

②装：将固体药品装入大试管；

③定：将装好药品的大试管固定在铁架台的铁夹上，试管口略向上倾斜（铁夹夹在试管中上部便于加热）；

④点：点燃酒精灯先给试管预热，然后对准药品所在的部位加热；

⑤收：待气体均匀连续放出时，开始收集；

⑥移：收集完毕，将导管移出水槽；

⑦熄：熄灭酒精灯。

【学生】认真观看实验过程，总结高锰酸钾制取氧气的步骤：

查、装、定、点、收、离、熄（谐音"茶庄定点收利息"）

【教师】课件展示：

6. 检验方法——带火星的木条伸入集气瓶中复燃。

7. 验满方法——用向上排空气法收集一段时间后，将带火星的木条放在集气瓶口，木条复燃。

8. 实验注意事项：

①用排水法收集到的氧气较纯净但不干燥，用向上排空气法收集到的氧气干燥但不纯净。

②氧气的检验方法是将带火星的木条伸入到集气瓶内，看木条能否复燃。

③在试管口放一团棉花是为了防止固体粉末堵塞导管。

【学生】思考并回答问题：1. 排空气法和排水法的优缺点辨析。

2.检验和验满操作的区别是什么？

【设计意图】

1.养成自主学习的习惯，提高自主学习的能力。

2.明确实验室制取氧气有三种方法。

3.引导学生大胆质疑，小心求证。

4.师生配合，感受实验的严谨与魅力。

5.学生一边观察实验，一边思考，为今后独立做实验打下基础。

6.培养学生发现问题、解决问题的能力，同时养成看问题一定要全面且追根究底的习惯。

环节三：催化剂的概念及作用

【教师】过渡：除了高锰酸钾制备氧气之外，过氧化氢和氯酸钾同样也能制取氧气。

①过氧化氢 $\xrightarrow{\text{二氧化锰}}$ 氧气 + 水

②氯酸钾 $\xrightarrow{\text{二氧化锰}}$ 氯化钾 + 氧气

③高锰酸钾 $\xrightarrow{\text{加热}}$ 锰酸钾 + 二氧化锰 + 氧气

提问：三个反应都出现二氧化锰，有什么不同？

【学生】带着问题，观察实验室制备氧气三大反应原理。

【教师】板书：2.催化剂

【教师】设问：为什么分解过氧化氢溶液制取氧气要加入二氧化锰？它在这里起什么作用？

【学生】小组讨论，并提出猜想与假设：

1.二氧化锰能放出氧气，加入它可以制取更多的氧气；

2.二氧化锰在此有某种特殊作用，使过氧化氢的分解加快；

3.二氧化锰与过氧化氢反应放出氧气。

【教师】提问：如何设计实验验证假设？

【学生】小组讨论，确定验证方案。

【教师】整理归纳：

验证（1）实验A：加热二氧化锰用带火星的木条检验。

验证（2）实验B：常温时在盛有过氧化氢的溶液中伸入带火星的木条。

实验C：常温时在过氧化氢溶液中加入二氧化锰，比较反应快慢。

验证（3）实验D：在实验C反应后的剩余溶液中再加入过氧化氢溶液，用带火星的木条检验。

【教师】演示实验2：按上面A，B，C，D(实验B和实验C上面已做过)进行试验

【学生】仔细观察实验现象，并做好实验记录。

【教师】课件展示：根据实验内容填写实验现象和结论（如表3-2-2）：

表3-2-2　实验记录表

实验	现象	结论
A		
B		
C		
D		

【学生】小组讨论，并总结发言。

【教师】解释与结论：在常温下，没有加二氧化锰时，过氧化氢溶液不能产生足以使带火星木条复燃的氧气，而加入二氧化锰后，过氧化氢溶液就迅速产生氧气，可见二氧化锰起了加快化学反应速率的作用。化学上把二氧化锰这种改变化学反应速率的作用，叫催化作用，能起催化作用的物质叫该反应的催化剂。

【教师】（课件展示）催化剂：在化学反应中能改变其他物质的化学反应速率，而本身的质量和化学性质，在反应前后都没有发生改变的物质。

催化作用：催化剂在化学反应中所起的改变化学反应速率的作用。

【教师】设问：是不是所有的化学反应速率都要加快？所有的催化剂的作用都是加快反应速率吗？能否减慢化学反应的速率？

【学生】（思考）加深对概念的理解。

【教师】讲解：像钢铁的生锈，橡胶的老化，食物的变质，我们希望发生得越慢越好。如在食用油脂里加入一些催化剂防止酸败。所以催化剂的概念是"改变"其他物质的化学反应速率，而不是片面的加快。由前面的实验可知，催化剂不是反应物，在反应前后的质量和化学性质都不改变，是反应的条件，书写化学反应的文字表达式时应写在箭头上方。

【教师】（板书）催化剂特点：一变二不变

【教师】设问：实验室如何用氯酸钾和二氧化锰制取氧气呢？

【教师】板书：3. 加热氯酸钾和二氧化锰的混合物制取氧气

【教师】展示样品：氯酸钾、二氧化锰。

【学生】观察氯酸钾、二氧化锰的颜色、状态，并描述。

【教师】演示实验3：将氯酸钾和二氧化锰混合后加入小试管中加热，用带火星的木条检验。

【学生】观察氯酸钾和二氧化锰混合加热的现象，思考二氧化锰的主要作用。

【教师】提问：由上一实验可知二氧化锰不能产生氧气，在此起什么作用？

【教师】小结：实验说明氯酸钾和二氧化锰混合加热产生氧气，同时产生氯化钾，二氧化锰是该反应的催化剂。

【设计意图】

1. 同时展示三个实验原理，直观展现二氧化锰在反应表达式中不同的位置。

2. 直接让学生思考二氧化锰的作用。

3. 把时间留给学生思考，培养他们解决问题的能力。

4. 参与讨论，培养合作精神，激发学习兴趣。

5. 培养观察能力。

6. 通过现象对比，让学生明白二氧化锰在此起到改变过氧化氢分解的速率的作用，叫催化作用，这样的物质叫催化剂。同时明白催化剂不是反应物，也不是生成物，是条件，而且化学反应前后质量和化学性质都不变。简称"一变二不变"。

7. 让学生更全面地了解催化作用是改变速率，有加快，也有减慢。

8. 认识第二种制取氧气的方法：氯酸钾和二氧化锰混合加热产生氧气，二氧化锰也是催化剂，起催化作用。

9. 让学生系统地掌握化学实验探究的一般方法。

环节四：分解反应

【教师】分析上述三个制取氧气的实验，有什么共同特征？与化合反应有什么不同？

【学生】小组讨论，分析并找出规律，得出分解反应的概念。

【教师】讲述：化学上把这种由一种反应物生成两种或两种以上其他物质的反

应叫作分解反应。

【教师】（板书）三、分解反应：

由一种反应物生成两种或两种以上其他物质的反应。

表示为：$AB \rightarrow A+B$

特点是"一变多"。

【教师】小结：分解反应和化合反应一样，是化学反应中常见类型，以后还会有很多，若采用分类的方法来学就简单得多。

【教师】提问：学完本课，你知道了什么？

【学生】思考并回答问题：实验室制取氧气通常用分解过氧化氢溶液和加热高锰酸钾或氯酸钾的方法；二氧化锰是过氧化氢、氯酸钾制取氧气的催化剂；知道了催化剂的概念和特点；通过对比化合反应又认识了分解反应，同时初步感悟了用分类、对比的方法学习化学。

【教师】总结：我们化学的发展从舍勒偶然接触氧气到如今造福人类的空分技术也不过才几百年，科技日新月异的背后是很多普通的你和我，只要继续保持一颗好奇探寻的心，大胆质疑，小心求证，你就是未来的巨人！

【设计意图】

1. 认识分解反应，并认识到和化合反应正好相反。

2. 体会用分类的方法认识新概念的好处。

3. 深入理解本课内容，形成结构框架，便于记忆。

教学实施过程中的反思及建议

本节课内容较多，学生在学习过程中要动手记，动口讲，动脑想，所以学生在课堂上表现得比较活跃。从制取装置的选择探究到制取并收集一瓶氧气，激发更多学生对化学学习的兴趣。在教学中要创造机会，让学生参加更多的探究活动。让学生在活动中提高实验操作能力、观察能力。

基于 PBL 模式的初中化学教学设计
——水的净化

一、教学基本信息

课　　题：基于 PBL 模式的初中化学教学设计——水的净化

关 键 词：水的净化、问题导向、生活化、实验探究

教　　材：人教版 2012 年版义务教育教科书《化学（九年级上册）》

二、教学内容分析

　　"水的净化"是人教版（2012 年版）九年级《化学》上册第四单元课题 2 的内容。本课题以纯水、天然水和自来水的不同为出发点，引出水的净化问题；以自来水厂中水的净化过程为例，将沉淀、过滤、吸附和蒸馏等净水方法有序地串连起来。前半部分介绍含不溶性杂质的水的净化方法，后半部分借硬水软化方法的介绍引出含可溶性杂质的水的净化方法——蒸馏。在逐一学习以上净水方法的同时，学生对天然水、纯水、硬水和软水等有关水的知识也在不断完善和深化。通过体验过滤和蒸馏的操作过程，使学生掌握水的净化知识，增进对化学物质的理解，感受化学学科的重要价值。

　　本课题也是化学与社会发展主题中的重要延伸内容，化学在水资源的保护和利用中承载了培养学生的环境保护意识、科学价值观和可持续发展思想的功能。

三、教材素材分析

　　2012 年 3 月 22 日，国家发布了《中国居民饮水指南》和"中国居民日常饮水分级指南图"，以指导民众科学饮用健康好水。《生活饮用水卫生标准》节选：生

活饮用水中不得含有病原微生物；生活饮用水中化学物质不得危害人体健康；生活饮用水的感官性状良好；生活饮用水应经消毒处理。TDS 水质测试笔是一种简易便携式水质测试工具，用来测试水的 TDS 值或水的电导率，以判断水的纯净或污染程度。本课题选择生活化的教学素材，从生活实际出发，培养学生发现问题、提出问题、解决问题的相关素养。

四、整体设计思路（如表 3-3-1）

表 3-3-1　"水的净化"整体设计思路

问题情境	净化金山湖水库水样			
问题链	分析水样中可能含有的杂质	如何除去水中的难溶性固体杂质	如何除去水中的色素和异味	如何除去水中细菌和微生物
活动线	创设问题情境，串联知识要点	小组合作探究，总结净水原理	水质定量检测增强爱水意识	反思本节内容知识，归纳整理

五、教学过程

环节一：观察水样，分析杂质

【教师】图片展示（如图 3-3-1）：南川金山湖水库的一角。

【教师】这是重庆市首座高海拔大型水库，未来将解决重庆市南川区、綦江区，以及贵州省桐梓县约 60 万群众的用水问题。你们的桌面上放置的便是金山湖的水样。

图 3-3-1　南川金山湖水库

【学生】（欣赏图片）

【教师】那么金山湖中的水可直接饮用吗？为什么？说说你的理由。

【学生】观察水样，寻找证据，并回答问题：不能。

（1. 水中有肉眼可见的细小颗粒；2. 水样有颜色和气味；3. 水样中还存在肉眼看不见的细菌和微生物）

【教师】图片展示：中国居民日常饮水分级指南图和水质常规检测指标与限值（如表 3-3-2）。

【教师】讲解：2012 年 3 月 22 日，国家出台发布了《中国居民饮水指南》和"中国居民日常饮水分级指南图"（如图 3-3-2），以指导民众科学引用健康好水。

【教师】总结：水样中一般含有的杂质类型：难溶性固体杂质、可溶性杂质（色素、异味）、细菌病原体等。

【设计意图】

1.通过欣赏当地金山湖水库的自然风光引出本堂课的学习主题，在美育的同时，拉近了学生与化学的距离。

2.联系生活实际，设置问题情境，引导学生在生活经验的基础上，利用观察的方法获取证据，从而分析出水中可能含有的杂质。

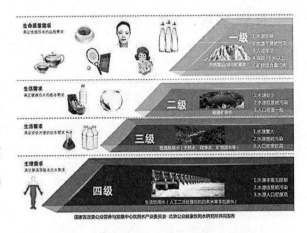

图 3-3-2　中国居民日常饮水分级指南图

表 3-3-2　水质常规指标及限值

指标	限值
1. 微生物指标	
总大肠菌群 /（MPN/100mL 或 CFU/100mL）	不得检出
耐热大肠菌群 /（MPN/100mL 或 CFU/100mL）	不得检出
大肠埃希氏菌 /（MPN/100mL 或 CFU/100mL）	不得检出
菌落总数 /（CFU/mL）	100
2. 毒理指标	
砷 /（mg/L）	0.01
镉 /（mg/L）	0.005
铬（六价）/（mg/L）	0.05
铅 /（mg/L）	0.01
汞 /（mg/L）	0.001
硒 /（mg/L）	0.01
氰化物 /（mg/L）	0.05
氟化物 /（mg/L）	1.0
臭和味	无异臭、异味
肉眼可见物	无

3.通过聚焦社会热点，展示具体数据，传播国家提倡的饮水指南。从定性认识过渡到定量认识，既能加深学生对水质的理性认识，有利于培养学生的社会责任感，还能够调动学生学习水的热情。

环节二：设计方案，净水体验

【教师】显然，根据生活饮用水的卫生标准，金山湖水库中的水样还达不到饮用水的最低标准，不能直接饮用。

【教师】展示一杯纯净水。

【教师】提问：如何将现有的水样转化为一杯无色无味、澄清透明的水？

【学生】小组讨论，小组交流，回答：除去杂质，净化水样。

【教师】展示：已经静置24h的水样。

【教师】提问：对比桌面上的水样，这两杯水有何不同？

【学生】观察水样，小组交流，回答：静置后的水样底部有较多较大的固体颗粒沉积；未久置的水样中分散着较多较小的固体颗粒。

【教师】追问：最容易除去的杂质是可以看到的难溶性固体颗粒物，但有些颗粒太小，分散在水中，很难与水分离，如何将它们聚集在一起呢？

【探究活动1】播放明矾净水的演示实验：净化效果（倍速快放）；净化原理（倍速慢放）。

【学生】观看视频，描述现象。

【教师】点拨：明矾溶于水形成的胶状物能吸附水中细小的悬浮物，从而沉降。吸附的过程属于物理变化。我们将这一过程称之为吸附沉淀。

【教师】提问：通过静置沉淀和吸附沉淀后，紧接着就需要将固体沉淀和液体分离，同学们可否根据生活经验，将难溶物和水分离？

【探究活动2】利用细纱网、海绵、纱布、吸水纸巾等生活用品以及滤纸，将这些过滤材料分别平铺在去底倒置的饮料瓶上，过滤上述水样，观察实验现象，比较哪种过滤材料净水效果最好。

【学生】根据实验要求，分组进行实验操作，记录实验现象，交流讨论得出结果。

【教师】类比应用：生活中还有很多与滤纸功能有着异曲同工之处的工具，例如捞饺子用的漏勺、茶壶中的茶网、洗碗池中防止堵塞下水道的小过滤网等。只有当过滤材料结构中的孔隙小于被过滤物的直径时，才能更好地将水和难溶物进行分离。

【教师】提问：实验室中的过滤需要哪些玻璃仪器？如何折叠滤纸？如何使滤纸紧贴漏斗内壁？过滤时应注意什么？玻璃棒的作用是什么？

【学生】阅读教材，自主学习，思考问题。

【探究活动3】参照书上的步骤安好过滤装置，过滤上述水样。

【学生】分组进行过滤操作，观察并记录实验现象。

【教师】提问：滤纸上有什么变化？流入干净烧杯中的水与过滤前的水有何区别？这一过程属于什么变化？

【学生】思考，回答：滤纸上附着有难溶物，烧杯中的水变得澄清，该过程为物质分离过程，属于物理变化。

【教师】提问：过滤操作分离了水样中的难溶物与水，但溶解在水样中的色素和异味仍然存在，这一类杂质该如何除去？

【探究活动4】利用注射器、棉花、活性炭，自制装置，探究活性炭的净水效果。

【学生】在注射器的底部铺一层棉花，用玻璃棒将其压紧；加入3药匙的颗粒状活性炭，再铺一层棉花。最后向注射器中加入约10mL的水样，塞上活塞，慢慢推动，向下挤压。

【学生】观察现象，回答：水样变得无色无味，更加澄清。

【教师】提问：结合实验现象，你觉得活性炭在净水过程中有何作用？该过程属于什么变化？

【学生】观察现象，思考，回答：活性炭可除去色素、异味；物理变化。

【教师】知识科普：活性炭的结构及活性炭的吸附性在生活中的广泛应用。

【教师】提问：经过沉淀、过滤、吸附后的水是否达到生活饮用水的标准？还有哪一类杂质没有除去？

【学生】思考，回答：细菌和微生物。

【教师】展示查阅所得资料：氯化法是指氯气能与水反应生成盐酸和次氯酸；次氯酸是一种强氧化剂，能杀死水里的细菌。

【提问】消毒杀菌属于什么变化？

【学生】回答：化学变化。

【教师】（科技前沿）上述消毒方法对人体有一定的危害。臭氧是一种无污染消毒剂，它具有高效性、高洁净性、方便性和经济性，所以现在人们普遍采用臭氧消毒。

【设计意图】

1. 以知识的逻辑顺序和学生的认知发展顺序为线索设置问题，培养学生应用对比分析的方法解决化学问题的科学思维。

2. 通过倍速快放和慢放，可帮助学生清晰明了地观察到细小悬浮物被胶状物吸附成大颗粒以及沉降的动态过程，深刻体会明矾净水的原理和效果。

3. 利用生活经验，并使用生活用品代替漏斗和滤纸进行趣味实验，充分调动学生的能动性；让学生亲身体验滤纸的特性，探究过滤操作的实质。

4. 通过让学生先自学再实操，教师针对学生出现的问题，讲清要点的教学方式，有利于培养学生理解和处理信息的能力，知识建构能力，独立发现、分析、解决问题的能力。

5. 通过体验活性炭净化水的微型实验，培养学生绿色化学的观念。

6. 通过适当的知识科普，培养学生化学生活化的意识，强化物质结构决定性质的思想。

7. 通过对国内外信息的介绍，拓展学生的科学视野，培养学生理解和处理信息的能力。

环节三：检测水质，珍惜资源

【教师】应用：结合所学内容，分析教材中自来水厂的净水流程及目的。

【教师】展示 TDS 水质测试笔，并介绍 TDS 检测笔的功能。

【探究活动 5】用 TDS 检测笔检测自来水、矿泉水及上述净化水样的水质。

【学生】在教师的指导下，使用 TDS 检测笔对自来水、矿泉水和净化的水样进行检测读数，并判断出是否符合卫生标准。

【教师】演示：向自来水中滴入 1 滴红墨水，再次邀请学生测值读数。

【教师】小结：水易污染难净化！通过本节课的学习，我们一起看了水的净化过程，同学们应该更加深切地体会到每一滴纯净水的来之不易，节约用水从我做起。那么，本节课你都有哪些收获呢？

【学生】分享收获。

【设计意图】

1. 通过分析自来水厂净水流程图，帮助学生梳理一遍已学过的沉淀、吸附、过滤、消毒等几种净水方法。

2. 通过邀请学生应用 TDS 检测笔实测水样水质，帮助学生树立珍惜资源、爱护环境、合理使用化学物质的观念。

教学实施过程中的反思及建议

1. 水的净化是社会层面的热点话题，同时，与学生的日常生活联系紧密，学生的情绪和心理都处于兴奋和好奇的状态。本堂课以净化水库水样为线索，串联起整堂课；以问题链驱动学生的系列活动，增强学生的动手实践能力，对于激发学生的学习兴趣和调动主观能动性有积极作用。

2. 对于新知识的讲授，可基于学生已有的知识储备和生活经验，通过对比、类比等方法引入，让学生从"学会"到"会学"。

3. 在教学环节中应尽量发掘教学主题的功能，为学生营造出化学生活化的氛围，以拉近学生与化学学科间的距离，让学科知识与学生的生活实际联系起来，使学生真切感受到化学学科的实用价值。

"化学武器"
——化学式与化合价

一、教学基本信息

课　　题："化学武器"——化学式与化合价

关 键 词：学习化学的必备工具、化学式的书写、简单计算

教　　材：人教版 2012 年版义务教育教科书《化学（九年级上册）》

二、教学内容分析

"化学式与化合价"是人教版（2012 年版）九年级《化学》上册第四单元课题 4 第一课时的内容。本单元是初中阶段化学课学习的第二种物质：水。前三个课题一直围绕水作深入学习，学生将前两个单元"空气"和"物质构成的奥秘"相对比，他们更容易接受物质研究类的学习。而课题 4 属于方法工具类知识，相比前两个课题的学习，会显得枯燥一些。本课题包含化学式、化合价以及化学式的相关计算三部分内容，是学习化学的重要工具，是"双基"的重要部分，能够熟练地掌握这三部分内容，对于今后的化学学习会有很大的帮助。

三、教材素材分析

本节课属于方法工具类知识，是必需的基础知识，对化学学习有及其重要的作用，是初三化学的重点内容。但本课题并不贴近学生的实际生活，强调对元素化合价、原子团的机械记忆，所以出错的概率会变大，本课题将成为学生学习化学的分水岭，让学生开始感到学习化学很困难。

四、整体设计思路（如表 3-4-1）

表 3-4-1 "化学式与化合价"整体设计思路

教学环节	教学主要内容	能力与素养发展
什么是化学式	引入化学式的概念及意义，在学生已接触部分物质的化学式的基础上，建立化学式的系统观念	通过对例举物质化学式的含义，培养学生归纳总结的能力
怎么写化学式	在引出化学式的概念之后，立刻让学生学习化合价，通过记忆常见化合价及原子团，并能运用化合价书写化学式	弱化化合价的概念，强化化合价的应用，在学生掌握书写化学式方法的过程中进一步理解概念，提升学生学习化学的成就感和兴趣
怎么读化学式	介绍化学式的读法	学生总结归纳，发现读法的规律，不混淆读法
怎么算化学式	学习相对分子质量、元素质量比和元素的质量分数相关计算方法	将化学与生活结合起来，运用课堂所学的知识解决生活中的实际问题

五、教学过程

环节一：什么是化学式？

【教师】复习：请说出下列符号的意义：

H C 2H 2C O_2

【学生】举手作答。

【教师】提问：以上哪些符号可以表示物质呢？

【学生】举手回答：C 和 O_2。

【教师】像 C 和 O_2 这样用元素符号和角标数字表示物质组成的式子叫作化学式。

【教师】提问：同学们还能想到哪些化学式呢？

【学生】回答：H_2O、CO_2、$KMnO_4$ 等等。

【教师】提问：我们以 H_2O 为例，从 H_2O 这个化学式中，你可以得到哪些信息？

【学生】回答：1. 我可以看出水中含有氢元素和氧元素。

2. 我看到的是一个水分子。

3. 我看出了一个水分子中有一个氧原子和两个氢原子。

【教师】提问：请一个同学为大家总结一下化学式的意义。

【学生】总结得出化学式的意义：

宏观上：表示一种物质，表示物质的组成；

微观上：表示一个分子，表示一个分子的构成。

【教师】提问：现在我在化学式前面加上数字"2"，结合之前学习的化学用语知识，$2H_2O$ 表示什么？

【学生】认真思考并回答：前面的数字代表的是个数，只有微观概念才讲个数，所以 $2H_2O$ 只能表示两个水分子。

【设计意图】

1. 从化学用语入手，引出化学式的意义，并复习化学用语。

2. 学生的回答可以从不同的角度出发，进一步理解物质的宏观组成和微观构成。

3. 锻炼学生的归纳能力和语言表达能力。

4. 熟练掌握数字出现的不同位置所代表的不同意义。

环节二：怎么写化学式？

【教师】过渡：在物质的分类里，我们先把物质分为纯净物和混合物，然后再继续将纯净物分为单质和化合物。

【教师】什么是单质？

【学生】由同种元素组成的纯净物叫作单质。

【教师】板书：请同学们写出以下单质的化学式。

铁、镁、碳、氦气、氢气、氮气

【学生】（书写）Fe、Mg、C、He、H_2、N_2

【教师】什么是化合物？

【学生】由不同种元素组成的纯净物叫化合物。

【教师】板书：请同学们写一写下列化合物的化学式。

二氧化碳、高锰酸钾、氧化铜、氧化铝

【学生】（书写）CO_2、$KMnO_4$、CuO、AlO

【教师】在大家书写的化合物中，前两个都是学过的，后两个没有接触过，其中最后一个化学式写错了。学完接下来的重要知识，希望同学们可以把它改正过来。

【教师】过渡：其实所有的物质均有固定的组成元素，有固定的原子个数，不然就不能表示这种物质。因此，在化学上，我们需要借助"化合价"来确定这个固定的原子数目。

【教师】请阅读自学教材 P84—85，总结常见化合价的规律。

【学生】阅读教材并思考、总结。

1. 常见元素化合价口诀：钾钠银氢正一价

钙镁钡锌正二价

三铝四硅氧负二

氯尾负一硫尾负二

读法区别：铜有正一和正二、铁有正二和正三

2. 常见原子团及化合价　负一价：氢氧根离子 OH^-

硝酸根离子 NO_3^-

负二价：碳酸根离子 CO_3^{2-}

硫酸根离子 SO_4^{2-}

正一价：铵根离子 NH_4^+

3. 化合价的一般规律

元素化合价有正有负，一般正价写在前，负价写在后（特例：CH_4、NH_3）。

在化合物中，正负化合价代数和为 0；在单质中，元素化合价为 0。

元素化合价标在对应元素的正上方。

【教师】举例：书写氧化钠的化学式

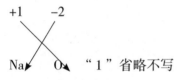

$$+1 \quad -2$$

Na　　O　　"1"省略不写

得出氧化钠：Na_2O

【学生】根据化合价的一般规律，练习书写以下化学式，并得出氧化铝的正确化学式。

氧化 X：氧化钙　　氧化铁　　氧化铝

氯化 X：氯化钾　　氯化铜

硫化 X：硫化氢

氢氧化 X：氢氧化钠　　氢氧化钙

硫酸 X：硫酸钠　　硫酸铜

硝酸 X：硝酸银　　硝酸铜

【教师】提问：联系化合价口诀和离子符号，大家有发现什么规律吗？

【学生】回答：化合价和离子符号对应的数字和正负是一样的。不同在于标注的位置以及数字和正负的顺序。

环节三：怎么算化学式

【教师】过渡：书写化学式就是化合价最重要的应用，我们还可以运用化合价解决其他问题。

【教师】课件展示：1. 根据化学式计算元素化合价。

例1：请标出下列物质中氯元素的化合价。

Cl_2　HCl　$HClO$　$HClO_3$　$HClO_4$

【学生】思考，解答问题。

【教师】从例1中大家能不能总结出化合价的相关结论？

【学生】同种元素在不同种化合物中可显不同化合价。

【教师】请算出 NH_4NO_3 中氮元素的化合价。

【学生】思考，讨论。

【教师】总结：同种元素在同一种化合物中，也可以显不同化合价。

【教师】课件展示：2. 根据元素化合价确定化学式。

例2. 已知某物质的化学式为 H_nPO_4，其中磷元素的化合价为 +5 价，则 $n=$＿＿＿＿＿＿。

例3. 某金属元素 X 的碳酸盐化学式为 $X_2(CO_3)_3$，则 X 元素的化合价为＿＿＿＿，X 元素的氯化物的化学式为＿＿＿＿＿＿。

【学生】解答问题，并说出解题思路。

【教师】课堂小结：今天你学到了什么？

【学生】学生小结

【设计意图】

1. 从物质的分类入手，让学生感知单质和化合物书写的区别，同时也进一步强化了物质的分类。

2. 从陌生化学式的书写中发现错误，并引出化合价。

3. 淡化化合价的概念，突出化合价的应用。

4. 通过书写化学式的练习，让学生更快熟记化合价和原子团，同时也提醒学生在今后的学习中，书写任何化学式都要考虑化合价。书写过程中，提升学生的学习成就感和兴趣。

5. 结合之前学的离子的知识，对化合价的概念进行理解。

6. 进一步了解化合价的应用。

7. 含有两个原子团的化学式，需要拆开成原子团，再计算元素化合价。让学生深入理解原子团的化合价是以整体呈现。

8. 举一反三，比直接利用化合价书写化学式多了一个步骤，让学生更加清晰地认识化合价并熟练运用。

9. 让学生说出自己的收获，进一步了解学生对化合价的掌握情况。

教学实施过程中的反思及建议

1. 本节课是初中化学的一个难点，其重点是熟练掌握化合价的应用，因此应多加练习，熟能生巧，练习过程中适当放慢节奏。

2. 教学过程中循序渐进，及时掌握学生的学习情况，并灵活调整教学内容。

3. 当学生出现错误时，不要过多指责，要给予其充分的信心和鼓励，让他们知道自己有能力获得成功。

4. 采用多层次的学习目标要求，从而兼顾不同层次的学生需要。

国际通用化学语言
——如何正确书写化学方程式

一、教学基本信息

课　　题：国际通用化学语言——如何正确书写化学方程式

关 键 词：质量守恒定律、化学方程式、化学语言、工具

教　　材：人教版 2012 年版义务教育教科书《化学（九年级上册）》

二、教学内容分析

"如何正确书写化学方程式"是人教版（2012 年版）《化学》九年级上册第五单元课题 2 的内容。本课题是对学生前面学习的元素符号、化学式、质量守恒定律和化学方程式的意义的整合，又为课题 3 从"量"的角度研究物质变化铺平道路，为今后具体应用化学方程式做好充分准备，所以本课题有着承上启下的过渡作用，是学习初中化学的重要分水岭。化学语言是学习化学的重要组成部分，是不可替代的重要工具，而书写化学方程式又是化学用语中最重要的部分，是学生学好化学的前提与保证。

三、教材素材分析

在义务教育化学课程标准（2022 年版）中的学业质量中提到：能依据质量守恒定律，用化学方程式表征简单的化学反应，结合真实情境中的转化进行简单计算。

四、整体设计思路（如表 3-5-1）

表 3-5-1　如何正确书写化学方程式

明确原则	归纳步骤	掌握方法	量的意义
以客观事实为基础，遵守质量守恒定律	以 $KClO_3$ 制 O_2 为例，梳理方程式书写步骤	最小公倍数法、奇数偶配法、归一法、观察法	为课题 3 利用化学方程式进行计算打基础

五、教学过程

环节一：书写化学方程式的原则

【教师】引入：在四单元的学习过程中，我们学习了氢气的燃烧，以下是有关氢气燃烧的表示方式。

【教师】课件展示：

① 氢气 + 氧气 $\xrightarrow{\text{点燃}}$ 水

② $H_2 + O_2 \xrightarrow{\text{点燃}} H_2O$

③

【教师】提问：请说出三种表示方式分别有怎样的特点？

【学生】思考、回答：第 1 种能清晰表现反应物、生成物以及反应条件，但书写比较烦琐；第 2 种书写简洁，但未体现参加反应的微粒的数量关系；第 3 种能清楚地表现出参加反应的物质和反应生成的物质的微粒数量的关系，但不便于书写。

【教师】过渡：将反应物、生成物写成相应的化学式，箭头符号改为等号，反应条件写在等号的上方（或下方），这种用化学式来表示化学反应的式子叫作化学方程式。化学方程式既能表现反应物和生成物的组成，还能表示物质之间的量的关系，且简单，便于书写，能清楚地表述反应，是国际化的语言。

【教师】活动一：试写出木炭在氧气中燃烧的文字表达式，并将该文字表达式改写为化学方程式。

【学生】书写：　木炭 + 氧气 $\xrightarrow{\text{点燃}}$ 二氧化碳

$$C + O_2 \xrightarrow{\text{点燃}} CO_2$$

【教师】课件展示（如图 3-5-1）：

图 3-5-1 化学方程式的书写原则

【教师】小结：书写化学方程式要以客观事实为基础，不能臆造事实上不存在的物质，不能书写不存在的化学反应；遵守质量守恒定律，等号两边各原子的种类和数目相等。

【设计意图】

1. 让学生总结各种表述化学反应的方法，体会出化学方程式与其他表达式之间的联系和区别。

2. 从文字表达式到化学方程式的转化，让学生对比体会化学符号的书写简便，也体现了新旧知识的联系和学生的认知过程。在书写化学方程式的过程中领会书写原则。

环节二：书写化学方程式的步骤

【教师】化学方程式有这么多优越性，同学们也体验了化学方程式的书写，那么如何正确书写化学方程式呢？

【教师】活动二：请同学们仔细阅读教材第 100 页，并归纳出化学方程式的书写步骤。

【学生】带着归纳书写化学方程式步骤的学习任务，阅读教材第 100 页。

归纳：1. 写出反应物和生成物，用短线连接；2. 配平；3. 注明条件，将短线改等号。

【教师】小结：以为氯酸钾和二氧化锰制取氧气例，总结出化学方程式的书写步骤。

【教师】课件展示（如表 3-5-2）：

谐音记忆书写步骤——"洗杯煮茶"

"无中生有"才标注——"↑"或"↓"

表 3-5-2　化学方程式的书写步骤

写	左边写反应物的化学式
	右边写生成物的化学式
	中间用短线连接
配	配平，使左右两边各原子数目相等
注	反应条件（点燃、△、催化剂等）
	短线改为等号
	生成物状态（气体"↑"，沉淀"↓"）
查	化学式是否正确
	是否配平
	反应条件是否标注正确
	生成物状态是否漏标或多标

【学生】观察、思考，建立化学方程式书写的一般步骤。

【教师】活动三：请同学们按步骤写出下列化学方程式。

表 3-5-3　书写化学方程式练习

	化学方程式
1. 铁丝在氧气中燃烧	
2. 用过氧化氢和二氧化锰制取氧气	
3. 电解水	

【学生】讨论、体会配平化学方程式的目的和方法，通过分析练习中出现的错误，掌握△、↑、↓符号的使用。

【教师】过渡：要使式子两边每一种元素的原子总数相等，就需要在式子两边的化学式前面配上适当的化学计量数，这个过程称为"化学方程式的配平"。

【设计意图】

1. 通过阅读，培养学生的自学能力、归纳能力。

2. 从实例中整理出书写步骤，强调化学方程式书写的完整性。

3. 让学生试着书写需要配平的化学方程式，体验配平的目的和方法。

环节三：化学方程式的配平方法

【教师】过渡：化学方程式的配平方法有：最小公倍数法、奇数配偶数法、归一法以及观察法等。

【教师】课件展示：1. 最小公倍数法（以红磷燃烧为例，如表 3-5-4）：

表 3-5-4　最小公倍数法

第一步：求最小公倍数	找两边各出现一次且数目相差较大的原子，求其最小公倍数
第二步：求化学计量数	用最小公倍数除以化学式中该原子的个数，所得数值为该化学式的化学计量数
第三步：求其他物质的化学计量数	根据反应前后各原子种类和数目不变的原则，确定其他物质的化学计量数

【学生】按照最小公倍数法的步骤，练习配平化学方程式：

式子左边的氧原子是 2，右边的氧原子是 5，两数最小公倍数为 10。

在 O_2 前面配上 5，在 P_2O_5 前面配上 2。

在 P 的前面配上 4。

【教师】课件展示：2. 奇数偶配法（以燃烧硫铁矿为例，如表 3-5-5）：

表 3-5-5　奇数偶配法

第一步	找出方程式里左右两端出现次数较多的元素
第二步	该元素的原子在各端的总数是否是一奇一偶，若是，则选定这一元素作为配平的起点
第三步	由已推求出的化学计量数决定其他化学式的化学计量数

【学生】按照奇数偶配法的步骤，练习配平化学方程式：

以 O 元素作为配平起点。

Fe_2O_3 前配最小偶数 2。

【教师】课件展示：3. 归一法（以乙醇燃烧为例，如表 3-5-6）：

表 3-5-6　归一法

第一步	确定含碳化合物的系数为 1
第二步	分别推出 CO_2、H_2O 的系数
第三步	最后确定 O_2 的系数

【学生】按照归一法的步骤，练习配平化学方程式。

【教师】课件展示：4. 观察法（以赤热的铁与水蒸气反应为例，如表 3-5-7）：

表 3-5-7　观察法

第一步	从比较复杂的一种生成物求出有关各反应物的化学计量数，以及这一生成物的化学计量数
第二步	根据求得的化学计量数再找出其他化学计量数

【学生】按照观察法的步骤，练习配平化学方程式：

根据 Fe_3O_4 确定 H_2O 配 4，Fe 配 3。

生成物 H_2 配 4。

【教师】活动四：写出下列反应的化学方程式。

【教师】课件展示：

1. 实验室加热高锰酸钾制取氧气。

2. "长征三号"火箭用液氢和液氧作燃料，燃烧后生成水。

3. 天然气 [主要成分是甲烷（CH_4）] 是目前广泛使用的一种清洁燃料，因为甲烷在空气中燃烧后生成的是水和二氧化碳。

4. 将二氧化碳通入澄清石灰水 [$Ca(OH)_2$ 的水溶液] 中，生成白色沉淀碳酸钙和水。

【学生】讨论、练习，纠正自己的错误，完善化学方程式的书写。

【教师】小结：从表达含义上对比文字表达式和化学方程式，引出化学方程式的"量"的含义。

【学生】倾听，理解化学方程式中反应物和生成物的"量"的关系。

【设计意图】

1. 突出配平化学方程式是正确书写化学方程式的关键，也是难点，并注意书写规范化。

2. 引导学生结合质量守恒定律的原理及化学方程式表示的含义，思考、分析如何进行配平。

3. 让学生掌握配平的多样性，启发学生解决问题时要注意方法的多样性。

4. 通过练习书写化学方程式，提升书写技能，为课题 3 的学习打下基础。

教学实施过程中的反思及建议

1. 化学方程式的配平是本课题难点，通过多种配平方法的相互补充，以达到帮助学生突破难点的效果。

2. 学生练习配平化学方程式时，创设富有鼓励和竞争性的情景，以达到更好的学习效果。

3. 掌握化学方程式的配平需循序渐进，在练习中积累，可适当增加练习，让学生在练习中加深体会，逐渐熟练。

精打细算中彰显运筹帷幄

——利用化学方程式的简单计算

一、教学基本信息

课　　题：精打细算中彰显运筹帷幄——利用化学方程式的简单计算

关 键 词：质量守恒定律、化学方程式的含义、解一元一次方程式、科学思维

教　　材：人教版 2012 年版义务教育教科书《化学（九年级上册）》

二、教学内容分析

让学生回忆亲自参与的实验，提出"到底取用多少克药品，才能既满足实验要求又不浪费药品呢？"这一问题，使学生意识到学习本课题的目的和意义。用一个实例来说明计算的具体步骤和方法，规范解题的格式。

本课题主要包括两个方面：用一定量的反应物最多可得到多少生成物；要制取一定量生成物最少需要多少反应物。此二者的计算都是以化学方程式为依据进行的，这可以进一步使学生明确地认识到，化学方程式不仅表示什么物质发生反应，生成什么物质，而且还表示反应物、生成物之间的质量关系，而这个质量关系是一个固定不变的比值。学生必须在深刻理解化学方程式的含义的基础上，才能根据化学方程式进行简单计算。本课题中只要求学生学习有关纯物质的计算，在数学方面的知识要求并不高，计算难度也不大，关键在于找出已知物和被求物之间的质量比并能正确地列出比例式。化学计算题从"量"的角度来反映物质及其变化规律，需要综合运用化学和数学两个学科的相关知识，其中，化学知识是化学计算的基础，数学是化学计算的工具。如果化学方程式中的反应物、生成物写错了或者没有配平，计算必然会得出错误结果。因此，应使学生充分意识到化学方程式是进行化学反应相关计算的基本依据，体会到化学计算题中化学知识的重要性。通过本节课的学习，

使学生能独立审题并写出化学方程式、找出质量关系、列出比例、解出答案，从而解决实际问题。

三、教材素材分析

"利用化学方程式的简单计算"是人教版（2012年版）《化学》九年级上册第五单元课题3的内容。本课题是学生接触化学学科以来，真正意义上第一次定量分析研究学习。教材在前一个单元中介绍了相对分子质量的计算、物质中元素质量分数的计算，这些都是在为本课题打基础。让学生从熟悉的定性分析的思维转换为定量分析的思维是有一定难度的，所以化学计算始终是初中化学教学中的重点和难点问题。而且在本节课建立起来的定量思维模式将会对今后所有关于质量研究的化学问题起至关重要的作用。本课题研究的计算问题主要是两个方面：用一定量的反应物最多可得到多少生成物（例题1），要制取一定量生成物最少需要多少反应物（例题2)。教材分别从这两个方向详细展示了化学方程式计算的步骤和格式。在教学中，教师要给学生做解题格式的示范；在练习中，应该要求学生按照一定的书写格式来解题，运算要准确，使学生熟练掌握化学计算技能，并养成按照化学学科特点去进行思维的良好习惯。教材在最后指出，在实际生产和科学研究中，计算时应考虑到杂质问题，这主要是对学生进行一种辩证的思想教育。对于含杂质的计算将在九年级下册教材中再作介绍在本课题中不要涉及，以免加重学生负担。

四、整体设计思路（如表3-6-1）

表 3-6-1　化学方程式的简单计算

教学环节	教学主要内容	能力与素养发展
确定质量关系	从微粒个数比过渡到物质质量比，数值上等于各物质的相对分子质量与其化学计量数的乘积之比	从物质观到微粒观再到质量观，发展学生的化学观念核心素养
规范格式步骤	细致分析教材例题，梳理出化学方程式计算的解题步骤，规范书写格式	培养学生按照化学的特点进行思维及审题、分析、计算的能力
互出题 互纠错	学生相互出题，解题、找错、订正。巩固解题步骤，归纳易错点，总结"要领""关键""注意"	培养学生独立思考、归纳总结的科学思维素养
解决实际问题	解决【引入】提出的问题，首尾呼应。让学生认识到化学计算对于解决实际问题的重要意义	通过学以致用，培养学生探究实践的核心素养

五、教学过程

环节一：确定质量关系

【教师】引入：创设情境

有一天，同学们去实验室制取氧气，原本打算制取 4 瓶氧气，分别和木炭、硫粉、铁丝、带火星的木条进行反应。结果有的同学才收集两瓶就没有氧气产生了，而有的同学都收集了 5 瓶，还有氧气产生。到底取用多少克药品才能既满足实验要求又不浪费药品呢？

学习了本节课的知识，你就知道该怎么做了！

【学生】听讲，回忆之前的实验经历。

【教师】现在我们要制氧气，首先要知道用什么方法。

【学生】正确地书写制氧气的三个化学方程式：

$$2H_2O_2 \xrightarrow{MnO_2} 2H_2O + O_2 \uparrow$$

$$2KClO_3 \xrightarrow[\triangle]{MnO_2} 2KCl + 3O_2 \uparrow$$

$$2KMnO_4 \xrightarrow{\triangle} K_2MnO_4 + MnO_2 + O_2 \uparrow$$

【教师】复习：实验室制氧气的三种方法。

【教师】通过上述方程式，我们知道了用什么原材料在什么条件下可以生成氧气。化学方程式除了给我们提供了"质"的信息，还提供了哪些"量"的信息呢？

"数量"——各物质之间的微粒个数。

【教师】提问：以过氧化氢制氧气为例，说明各物质之间的微粒个数比。

【学生】回答：2 个过氧化氢分子在催化剂的作用下可生成 2 个水分子和 1 个氧分子。

【教师】分子太小，看不见也摸不着，实验中，我们无法去准确地拿到 2 个过氧化氢分子来做实验。能不能转换成我们能实际操作的"量"？

"质量"——各物质之间的质量关系。

【教师】提问：以过氧化氢制氧气为例，各物质之间的质量比是什么？

【学生】回答：68 份质量的过氧化氢在催化剂的作用下可生成 36 份质量的水分子和 32 份质量氧气。

【教师】也就是说，我们用 68 克的过氧化氢就能生产出 32 克的氧气。这样我们就可以用天平来进行检验。万一不是 68 克过氧化氢，而是其他克数呢?

【学生】思考作答:

$$2H_2O_2 \xrightarrow{\text{点燃}} 2H_2O + O_2 \uparrow$$

68	:	36	:	32
34g	_____		_____	
_____	72g		_____	
_____	_____		8g	

【教师】小结:化学方程式中各物质的质量比在数值上等于各物质的相对分子质量与其化学计量数的乘积之比。这个比值是固定不变的。

【设计意图】

1. 引起共鸣，引发思考。

2. 复习实验室制氧气的原理，巩固方程式的书写。

3. 从"质"过渡到"量"，从"定性"分析过渡到"定量"分析。

4. 从"数量"过渡到"质量"。

5. 确定方程式中各物质之间的质量比是计算的关键。

环节二：规范格式的步骤

【教师】利用化学方程式的简单计算一般要求从一种物质的质量去求方程式中另一种物质的质量，关键是要找到已知物和被求物之间的质量比，而且考试中要求有规范的步骤和格式，现在我们就来看教材第 102 页例题 1。

【教师】逐一详细示范并讲解。

解:设加热分解 6.3 g 高锰酸钾，可以得到氧气的质量为 x。

$$2KMnO_4 \xlongequal{\triangle} K_2MnO_4 + MnO_2 + O_2 \uparrow$$

2×158 32

6.3 g x

$$\frac{2 \times 158}{6.3g} = \frac{32}{x} \qquad x = 0.6\,g$$

答:加热分解 6.3 g 高锰酸钾，可以得到 0.6 g 氧气。

【学生】交流讨论:(1)先写出反应的化学方程式，然后列出比例式;

(2)需要先设未知量为 x;

（3）最后还需要作答；

……

【教师】（总结）根据化学方程式计算的解题步骤如下：

1. 根据题意设未知量；

2. 正确写出题设反映的化学方程式，特别注意必须配平；

3. 在已知物质和被求物质的正下方写出对应的化学计量数，并乘以相对分子质量；

4. 另起行，在已知物质的正下方写题目给出的实际质量，在被求物质的正下方写 x；

5. 列出比例式，求解；

6. 简明地写出答案。

【设计意图】

给学生提供充分自主学习的机会，让学生先自主讨论得出步骤、格式，听教师讲解，然后再改正或完善解题的步骤和格式。

环节三：互出题同纠错

【教师】过渡：大家都学会了吗？现在谁愿意来当小老师，给同学们出题？

【教师】活动："我来当老师"

形式（选其一）：男女生相互出题、小组之间相互出题、同桌之间相互出题、自荐给全班同学出题等。

要求：1. 题目涉及的反应要么是已经学过的，要么就需把化学方程式给出来；

2. 数据合理；

3. 出题者需批改。

【学生】认真思考，参加活动，活动材料展示。

题目：18 克水通电能产生多少克氢气？

【教师】总结学生易错点如图 3-6-1，3-6-2：

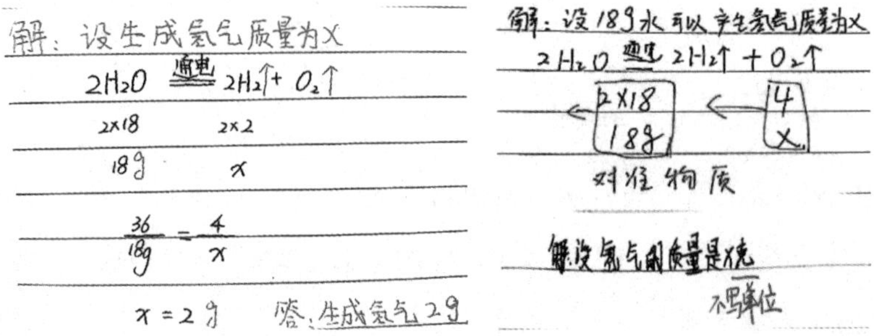

图 3-6-1　学生作业 1

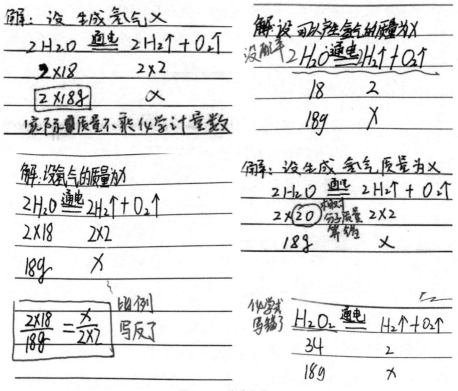

图 3-6-2 学生作业 2

1.方程式没有配平；2.化学式写错；3.相对分子质量算错或者没有乘化学计量数；4.实际质量对应物质找错了或者乘了化学计量数；5.单位问题；6.比例列反了；7.没有解、设、答；8.数据没有对准相应的物质。

【教师】归纳：化学方程式进行计算的三个要领、三个关键、三个注意

1. 三个要领：(1) 步骤要完整；(2) 格式要规范；(3) 得数要准确。

2. 三个关键：(1) 准确书写化学式；(2) 化学方程式要配平；(3) 准确计算相对分子质量。

3. 三个注意：(1) 单位要统一；(2) 计算结果的小数位保留按题中要求进行，若题中没有要求，一般保留一位小数；(3) 体积要换算成质量。

【设计意图】

学生通过自己出题，相互找错并改正，提高学习主动性。既知道错在哪，又知道怎么改，这样能对记得更牢，懂得更透。

环节四：学以致用

【教师】过渡：这节课的开头，我提出的一个问题：到底取用多少克药品，才

能既满足实验要求的 4 瓶氧气又不浪费药品呢？现在我们就来一起算一算！

【教师】集气瓶的体积为 250mL，氧气的密度为 1.43g/L，现要收集 4 瓶氧气，需要准备多少克的高锰酸钾？

【学生】作答（如图 3-6-3）：

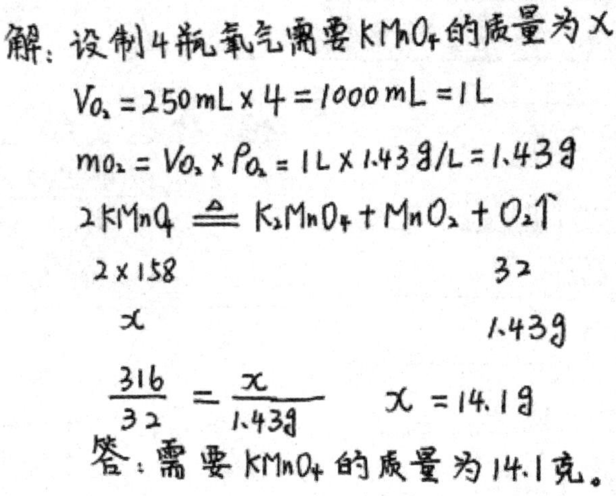

解：设制 4 瓶氧气需要 $KMnO_4$ 的质量为 x

$V_{O_2} = 250mL \times 4 = 1000mL = 1L$

$m_{O_2} = V_{O_2} \times \rho_{O_2} = 1L \times 1.43g/L = 1.43g$

$$2KMnO_4 \stackrel{\triangle}{=\!=\!=} K_2MnO_4 + MnO_2 + O_2\uparrow$$

$$\begin{array}{ccc} 2 \times 158 & & 32 \\ x & & 1.43g \end{array}$$

$$\frac{316}{32} = \frac{x}{1.43g} \qquad x = 14.1g$$

答：需要 $KMnO_4$ 的质量为 14.1 克。

图 3-6-3 学生作业 3

【教师】小结：通过计算可知，我们称 14.1 克的高锰酸钾来做实验就够了，既不浪费药品又能满足实验需求。

【设计意图】

解决【引入】提出的问题，首尾呼应。让学生认识到化学计算对于解决实际问题的重要意义，进一步了解化学定量研究的实际应用。

教学实施过程中的反思及建议

1. 教材已经学过的重点化学方程式，学生必须在讲计算之前，能完全正确地书写。否则方程式错误会严重影响计算的结果。

2. 方程式所表示的从物质种类到微粒个数比再到物质质量比，是从定性认识到定量认知的过程。对于学生来说，是思维的一个飞跃，讲授这个知识点时，应放慢节奏，给学生留足思考的时间。

3. 利用化学方程式进行计算是一个非常大的课题，而这个课时是学生初次接触计算，不宜讲得太难太多。重中之重是让学生掌握正确的书写格式和步骤。而其他复杂题型将在以后的教学中逐渐引入。

4. 举例应尽量贴近学生实际生活，比如在实验过程或工业生产中遇到的一些问题，或学生能在生活中看到的一些现象。

建立物质制取的一般思路
——二氧化碳制取的研究

一、教学基本信息

课　　题：建立物质制取的一般思路——二氧化碳制取的研究

关 键 词：气体的制取

教　　材：人教版 2012 年版义务教育教科书《化学（九年级上册）》

二、教学内容分析

本课题选自人教版（2012 年版）《化学》九年级上册第六单元课题 2。本课题在全书乃至整个初中阶段的化学学习过程中，所占有的地位十分重要。由于学生在前面已经学习了氧气的制取与性质探究实验，教材通过两种气体制取的对比研究，使学生掌握了运用简单装置制取气体的一般思路和方法，为今后学习元素化合物知识、其他常见气体的制备奠定基础，因此它起到了承上启下的作用。在此教材当中，既有理论分析，强调了二氧化碳制取的反应原理，也有实验操作，以实验探究的方式呈现出了二氧化碳装置的探究活动，通过讨论交流的形式，引导学生进行检验和验满的实验探究，实现了理论与实践相结合。

三、教材素材分析

前面已经学习了氧气的多种实验室制法，结合学生已有的知识和经验，通过教师引导、小组合作、设计方案、讨论方案、实施方案、归纳总结等环节完成整个探究。

四、整体设计思路（如表 3-7-1）

表 3-7-1　《二氧化碳的制取》整体设计思路

教学环节	教学主要内容	能力与发展素养
环节一 情境导入	以干冰实验，激发学生的学习兴趣，引入课题	
环节二 回顾旧知	通过对氧气制取的分析，归纳出实验室制备气体的一般研究思路，为二氧化碳的制备提供方向	学会对所学知识进行归纳，建立思维模型
环节三 探究原理	引导同学梳理产生二氧化碳的反应，辨识是否适合实验室制法。再通过对比探究的方式，让学生对二氧化碳原理有更深刻的认识	培养学生通过信息获得解决问题的能力
环节四 分析装置	通过高锰酸钾和过氧化氢制氧气的发生装置和收集装置选择的依据，分析二氧化碳制取的装置特点，引导学生进一步改进实验装置	培养学生动手操作能力，创新思维能力，学会以科学的方法思考问题

五、教学过程

环节一：情景导入

【教师】魔术表演：春晚的舞台上烟雾缭绕，看起来神秘朦胧，同学们知道其中的奥秘吗？那我们现场来演示一下，将白色固体放入热水中，整个教室弥漫白雾。那这白色固体是什么呢？

【学生】观看魔术并思考，回答：干冰。

【教师】在实验室怎样制取二氧化碳呢？本节课我们一起来研究二氧化碳的制取。

【教师】板书：课题 2 二氧化碳制取的研究。

【设计意图】

创设情景，激发学生的学习兴趣，为后续的教学探究原理、分析装置做准备。引出二氧化碳制取的课题。

环节二：回顾旧知

【教师】请同学们回顾氧气的实验室制法（如表 3-7-2）。

【学生】思考、填写表格、讨论交流。

【教师】实验室制取气体的一般思路和方法是什么？

【学生】归纳实验室制氧气的思路。

表 3-7-2　氧气的实验室制法

药品	KMnO$_4$	H$_2$O$_2$ 溶液和 MnO$_2$
反应原理		
反应物状态		
反应条件		

发生装置		
收集装置		
验证方法		
验满方法		

【教师】板书：实验室制取气体的一般思路（如图 3-7-1）。

【教师】按照这个思路，我们来完成二氧化碳的制取。

【设计意图】

1. 回顾已有知识，实现旧知与新知的过渡。

2. 通过讨论交流为新知识做铺垫。

3. 建立实验室制备气体的一般思维模型。

反应原理

制取装置 { 发生装置 收集装置 }

检 验

验 满

图 3-7-1　实验室制取气体的一般思路

环节三：探究原理

【教师】我们学过的反应中，有哪些反应可以产生 CO_2？

【学生】列举生成二氧化碳的反应。

【教师】投影：木炭充分燃烧生成 CO_2

蜡烛充分燃烧生成 CO_2

人呼出气体中有 CO_2

木炭还原氧化铜生成 CO_2

CO 还原氧化铜生成 CO_2

【教师】请同学们思考，以上这些反应适合在实验室制备二氧化碳吗？

【教师】提示：从原料来源、制取条件是否安全方便、产生的气体是否纯净、易收集等方面。

【学生】思考分析，得出结论：以上反应均不合适。

【教师】投影：已知碳酸盐和酸反应能生成二氧化碳。

实验药品：碳酸钠（Na_2CO_3）、大理石（主要成分$CaCO_3$）、稀盐酸（HCl）、稀硫酸（H_2SO_4）。

试管：4支

【学生】分组实验，认真观察实验现象。

【教师】提示：1.药品的取用和仪器的使用；2.注意观察实验现象，并对反应速率进行比较。

【学生】在表3-7-3上记录实验现象。

表3-7-3　二氧化碳制备实验记录表

反应原料	实验现象	反应的剧烈程度
碳酸钠 + 稀盐酸		
碳酸钠 + 稀硫酸		
大理石 + 稀硫酸		
大理石 + 稀盐酸		

【教师】哪一组实验制备二氧化碳更好？

【学生】分组讨论，通过对比产生气体的快慢得出结论。

【教师】碳酸钠和酸反应太快，不易控制。大理石和稀硫酸反应生成的硫酸钙，微溶于水，阻止了反应的继续进行。大理石和稀盐酸反应适中，便于收集气体。

【教师】（板书）

实验室制取二氧化碳的药品和反应原理

大理石（或石灰石）和 稀盐酸

$CaCO_3+2HCl==CaCl_2+H_2O+CO_2\uparrow$

【学生】书写化学方程式。

【教师】如果将块状大理石改成粉末状大理石适宜吗？为什么？

【教师】演示实验：粉末状大理石和稀盐酸反应。

【学生】观察现象，思考。

【教师】能否用浓盐酸代替稀盐酸？

【教师】投影：浓盐酸具有很强的挥发性，挥发出的氯化氢使收集的二氧化碳不纯。

【教师】块状大理石和稀盐酸是制备二氧化碳的最佳药品。

【设计意图】

1. 培养学生评价实验方案的能力。

2. 通过学生自主实验，培养学生合作实验的能力，使学生更加尊重客观事实。

3. 让学生认识到通过现象比较化学反应速率的快慢，固液接触面积也可以影响化学反应速率，为高中化学的学习奠定基础。

环节四：分析装置

【教师】同学们能根据实验室制 CO_2 的原理设计出 CO_2 的制取装置吗？

【教师】板书：

制取装置 $\begin{cases} 发生装置 \\ 收集装置 \end{cases}$

【教师】确定二氧化碳的发生装置和收集装置时，分别应考虑什么因素？

【学生】根据实验室里制取 O_2 装置的选择，归纳选择发生装置和收集装置应考虑的因素。

【教师】投影：发生装置考虑因素：

反应物状态→固体—液体

反应条件→不加热

收集装置考虑因素：

气体的密度→二氧化碳的密度比空气大

气体的溶解性→二氧化碳能溶于水

气体能否与水反应→二氧化碳能与水反应

【教师】板书：固、液，不加热

向上排空气法

【教师】根据上述分析，利用桌面上的实验仪器，组装一套制取二氧化碳的装置，绘制装置图。小组交流讨论，分析装置的优缺点。

【学生】小组讨论，组装实验仪器，绘制装置图（如图 3-7-2）。

【教师】展示：每组学生设计的装置。

图 3-7-2　学生绘制的装置图

【学生】从能否便于加酸，能否控制反应速率等方面去分析各套装置的优缺点。

【教师】投影：引导学生对装置进行改进（如图 3-7-3）。

有孔塑料板

图 3-7-3　学生装置改进图

【学生】小组讨论，提出改进方案，改进装置。

【教师】启发学生利用生活废品设计制取二氧化碳的装置。

【学生】列举生活中能用于制做装置的废品，比如注射器，输液管等。

【教师】如何进行二氧化碳的验满和检验?

【教师】板书：验满——燃着的木条伸到瓶口

检验——澄清石灰水

【学生】交流，完善，归纳。

【教师】总结实验室制备气体的一般思路。

【教师】（投影）课后思考：我们在家里可以用哪些材料代替实验仪器呢?

【学生】课后完成相关探究。

【设计意图】

1.通过对比分析，得出装置设计思路，培养学生的实验设计能力。

2.识别仪器，培养学生合作探究的能力和动手能力。

3.培养学生的创新精神。

4.使学生构建比较完整的本节课的知识体系。

5.学以致用，体现化学与生活息息相关。

教学实施过程中的反思及建议

反思：本节课通过回顾氧气制取的对比实验，得出实验室制取气体的一般思路，通过对反应原理和气体制备装置的探究，让学生从简单的模仿到自己设计实验，培养了学生的实验探究能力。

建议：实验装置的设计和仪器的选择还可以再深入探讨，调动学生的思维，为其他气体的制备做好铺垫。

定量分析混合物的组成
——溶液的浓度

一、教学基本信息

课　　题：定量分析混合物的组成——溶液的浓度

关 键 词：溶液的浓度、溶质质量分数、定量研究

教　　材：人教版 2012 年版义务教育教科书《化学（九年级下册）》

二、教学内容分析

本课题选自人教版（2012 年版）《化学》九年级下册第九单元课题 3。溶质的质量分数定义及计算公式是本节课的核心知识。从生活中的红糖溶液入手，贴近学生的生活，激发学习兴趣，很快将学生带入探究情境。通过比较三份溶液的浓度，得出溶质质量分数的定义与计算式，加深了学生对溶质质量分数定义的理解和计算式的建构，表格设计的计算将对比和验证的思想蕴含于其中并渗透给学生，为结论的得出提供了数据论证。通过理解溶质质量分数的含义，学习计算溶质的质量分数，初步感受定量研究的意义，体会溶液浓度在生产生活中的应用价值。

三、教材素材分析

本课时的主要内容包括：1. 溶液浓、稀的判断与溶液浓度的表示方法；2. 对溶质的质量分数的理解及其简单计算。

通过将书本上的硫酸铜溶液改成红糖水，进行实验探究，使化学活动更贴近生活，从而也使认知过程更加符合初三年级学生的年龄特点，很好地引发学生积极的学习心向。

四、整体设计思路（如表 3-8-1）

表 3-8-1　溶液的浓度整体设计思路

教学环节	教学主要内容	教学设计目的
创设问题情境	比较溶液浓度的方法	在真实的情境中，提出问题，激发学生的兴趣
展开定量观察 进行定量分析	利用表格进行定量分析，得出比较溶液浓度的方法	问题层层递进，让学生理解比较溶液浓度的方法
形成定量表征 提炼定量思想	建立用溶质质量与溶液质量的百分数模型表示溶液浓度	掌握溶液中各组分之间的量变、质变关系思想，基本掌握溶液中各组分之间的整体与个体关系的思想
实践定量观念	结合生活，对溶质的质量分数进行应用	溶质质量分数的简单计算

五、教学过程

环节一：情景引入 导入新知

【教师】引入：①展示两杯颜色深浅不同的红糖溶液，猜一猜哪杯更甜？为什么？

②展示两杯无色的蔗糖溶液，如何判断那杯更甜？

【学生】讨论发言：判断两组实验溶液浓度的大小。

①可以通过颜色的深浅来判断溶液浓度，颜色深的那一杯更甜；

②可以通过品尝的方式判断无色蔗糖溶液的浓度。

【教师】过渡：通过观察颜色、尝味道等方法能粗略判断溶液的浓稀，但这些判断方法有什么弊端？

【教师】追问：溶液无色、无味，怎么判断？

溶液浓度差别很小，需要准确知道溶液浓度又该怎么办？

【教师】问题 1：如果是三杯颜色差不多的硫酸铜溶液，你认为哪一杯硫酸铜溶液的浓度更大？

【设计意图】

1. 在真实的情境中，提出实用的问题，激发学生兴趣；

2. 设置疑问，让学生思考比较。

环节二：展开定量观察 进行定量分析

【过渡】如果补充哪些信息，就可以比较这三杯硫酸铜溶液的浓度大小呢?

【学生】回答：1. 溶质质量;

2. 溶液质量;

3. 溶剂质量……

【教师】数据补充：第一杯硫酸铜溶液20g，其中溶解硫酸铜2g；第二杯硫酸铜溶液含溶剂水45g，溶解硫酸铜5g；第三杯硫酸铜溶液40g，其中含水36g。

【教师】学生活动：请同学们积极思考、讨论交流，找出你认为合适的数据比较这两杯食盐水的浓度大小。

【教师】问题2：结合实验数据，完成表3-8-2后，思考并讨论下列问题。

表 3-8-2　溶液浓度相关数据

	溶质质量 /g	溶剂质量 /g	溶液质量 /g	$\dfrac{溶质质量\ /g}{溶液质量\ /g}$	$\dfrac{溶质质量\ /g}{溶液质量\ /g}\times100\%$
硫酸铜溶液 1					
硫酸铜溶液 2					
硫酸铜溶液 3					

【学生】讨论发言：

学生回答1：用溶质的质量除以溶液的质量，三杯溶液中的比值都是 1:10，证明它们的浓度是一样的。溶质的质量 / 溶液的质量 =1:10。

学生回答2：用溶剂的质量除以溶液的质量，三杯溶液中的比值都是 9:10，证明它们的浓度是一样的。溶剂的质量 / 溶液的质量 =9:10。

学生回答3：用溶质的质量除以溶剂的质量，三杯溶液中的比值都是 1:9，证明它们的浓度是一样的。溶质的质量 / 溶剂的质量 =1:9。

【教师】追问：是不是溶解的硫酸铜多，配出来的溶液就一定浓?

【学生】讨论发言：

学生回答1：不一定，如果水一样多，硫酸铜多的配出来的溶液就会更浓。

学生回答2：一定量的溶剂里，所溶解的溶质越多，溶液越浓，反之越稀。

学生回答3：一定量的溶液里，所溶解的溶质越多，溶液浓度越大，反之越小。

【教师】①溶液的浓度能否只能用单一量的多少来判断? 应该如何判断?

②结合上述表格，如何表示溶质质量分数才便于直接判断溶液浓度的大小?

【设计意图】

通过问题层层递进，让学生理解比较溶液浓度的方法。

环节三：形成定量表征 提炼定量思想

【教师】讲解：在日常生活或生产中，有时需要用到浓度较为确定的溶液。比如农业中喷洒药液，太稀不能杀死害虫和病菌，太浓又会毒害农作物。因此，我们应该用确切的数值来明确地表示出溶液的浓度。刚才几位同学总结的比值、得出的数据都能表示溶液的浓度吗?

这些方法计算出来的数据确实都能很直观地表示溶液的浓度，但是如果不加以统一，就会出现使用多种方法计算溶液的浓度的现象并得出不同的结果，这样会导致混乱，所以我们需要统一使用一种方法来计算溶液的浓度。为了规范统一，人们把一定量的溶液里所含的溶质的量叫作溶液的浓度。在初中化学中，我们常采用溶质的质量分数来表示溶液的浓度，也就是溶液中所含溶质质量与溶液质量之比来表示溶液的浓度，即溶质质量分数是指溶质质量与溶液质量之比。

（板书）溶液中溶质的质量分数

1.定义：溶质质量与溶液质量之比（常用百分比来表示）

【教师】问题3：结合溶液中溶质质量分数概念，如何用计算公式来表征溶液的溶质质量分数? 结合实验分析，说说溶液的定量组成蕴含着哪些定量思想方法。

（板书）

溶质的质量分数

1.定义：溶质的质量与溶液的质量之比

2.计算式：溶质的质量分数 $= \dfrac{溶质质量}{溶液质量} \times 100\%$

3.计算式变形：溶质质量 = 溶液质量 × 溶质的质量分数

溶液的质量 = 溶质的质量 + 溶剂的质量 = 溶液的体积 × 溶液的密度

【教师】练习1：某温度时，蒸干35g氯化钾溶液，得到7g氯化钾，求该溶液中溶质的质量分数。（九年级下册课本P45"练习与应用"第2题）

【教师】练习2：配制2000g生理盐水（溶质质量分数为0.9%），需要称取NaCl的质量是多少?

【教师】练习 3：某温度时，蒸干一份 25% 的氯化钾溶液，得到 10 g 氯化钾，求该瓶氯化钾溶液的质量。

【学生练习】

【设计意图】

学生建立起用溶质质量与溶液质量的百分数模型来表示溶液浓度，已掌握溶液中各组分之间的量变与质变关系的思想，基本掌握溶液中各组分之间的整体与个体关系的思想。

环节四：目标检测　实践定量观念

【教师】设置情景：同学们，你们桌上放的是给病人输液用的葡萄糖注射液标签（如图 3-8-1）。给病人输液前，护士要读取标签中的哪些信息呢？

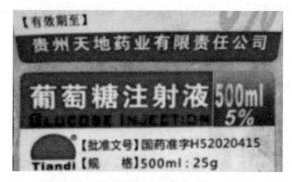

图 3-8-1　该葡萄糖注射液的密度为 1g/mL

【教师】问题 4：给病人输液时，常用葡萄糖注射液。该瓶葡萄糖注射液标签中的 5% 有何含义？

问题 5：该瓶 5% 的葡萄糖注射液中，溶质、溶剂、溶液的质量比是多少？

问题 6：可以通过哪些方法来减小该瓶葡萄糖注射液的溶质质量分数？

【学生】问题 4：5% 指葡萄糖溶质占葡萄糖溶液质量的百分之五，即 100g 葡萄糖溶液中含葡萄糖溶质 5g；

问题 5：溶质质量：溶剂质量：溶液质量 =25 ：475 ：500 = 5 ：95 ：100

=1 ：19 ：20

问题 6：加溶剂是减小溶质质量分数最简单的方法。

【教师】小结：今天跟大家一起学习了表示溶液浓度的一种方法——溶质的质量分数。其实表示溶液浓度的方法还有很多，以后我们将会陆续学习到。同时在课堂上还学习了应用溶质质量分数计算公式进行的简单计算，在下节课上我们还会学习到有关溶质质量分数计算的几种常见的题型，请同学们预习教材内容。

【设计意图】

通过问题引领取代枯燥的概念教学，让学生体会用溶质质量分数表示溶液浓度的合理性，同时能进行溶质质量分数的简单计算。

教学实施过程中的反思及建议

在学习"溶液的浓度"之前，学生已接触了"溶液的形成"和"溶解度"，对溶液的相关知识有了初步的了解，本课题内容是对溶液知识的深化，是从定量的角度认识溶液的组成，并为进一步研究溶液的配制问题做准备。课程标准中要求"能进行溶质质量分数的简单计算"，若仅告知溶质质量分数的定义，再采用课本上的典型例题进行有关计算。学生在思想上准备不足，同时缺乏对溶质质量分数的知识基础，在教学中就会处于十分被动的地位。

本节课中，将计算公式的理解寓于一定的生活情景中，引领学生主动建构了溶质质量分数的公式。在整个教学过程中，教师起组织者、指导者、帮助者和促进者的作用；利用情境、合作、对话等学习环境要素，充分发挥学生的主动性、积极性，最终达到学生有效地实现对当前所学知识的意义建构的目的。

溶液浓度的表示方法除了溶质质量分数，也可以用体积分数表示，例如酒的度数，在学生讨论得出"溶质质量分数"计算公式及各变量之间的关系后，还可结合生活实际，简单介绍消毒酒精、白酒度数涉及的化学知识，了解"体积分数"的表示方法。